「家族」という韓国の装置

血縁社会の
法的なメカニズムとその変化

岡 克彦
Katsuhiko Oka
［著］

三省堂

はじめに

朝鮮王朝で最も有名な王たる世宗大王の銅像。現在、ソウル特別市のメインストリートたる世宗路（세종로）の中心オブジェとなっている（筆者撮影）。

「血縁社会」の核をなす韓国の家族制度

1 韓国の「ウリ」空間と血縁社会

　本書のテーマは、韓国の「家族」についてである。韓国社会を捉えるに当って、なぜ、「家族」に着目するのであろうか。そのキーワードとなるのが「ウリ」(우리) ということばである。まずは、このキーワードから話を始めることにしよう。

　研究者の多くは、韓国社会で展開される人間関係の特徴を「ウリ」意識や「ウリ」共同体に見出そうとする（古田 1995：平井 2012, 43 など）。「ウリ」(우리) という韓国語は、第一人称の複数形たる「私たち」である。意識や共同体でいう場合の「私たち」とは、通常、私の家族や親族などを指した身内を意味することが多い。ただし、「ウリ」は単に家族や親族だけに限らない。この国では、会社、民族、国家などの集団を示す単語の前に「ウリ」ということばをよくつける。その象徴的な例が、今、日本との領有で激しく争っている「竹島」である。韓国では、日本でも知られるようになった「獨島」(독도) という島のことである。この場合、自らの領有の正統性を強調するフレーズに必ず使われるのが「ウリ・タン」（私たちの土地）ということばである。韓国の小学生ならだれでも知っている有名な歌詞の一部にもなっている。

　ところで、この「ウリ」ということばには独特な使い方がある。ウリ・アボジ（私たちのお父さん）、ウリ・オモニ（私たち

のお母さん)。この程度は兄弟や姉妹が複数いる場合があるので、ウリの使い方には一応、理解ができる。しかし、ウリ・ナンピョン(私たちの夫)、ウリ・マヌラ(私たちの妻)、ウリ・シンラン(私たちの新郎)、ウリ・シンプ(私たちの新婦)の用法には少し違和感を覚える。「妻や夫が複数いるの?」。韓国は、一夫多妻あるいは多夫一妻の国だったのかと錯覚しそうである。おそらく、親族や親友を含め「自他」共に「私の夫」、「私の妻」であると認められていることを誇ったり、強調するために、あえて「我々」という用法を使っている場合が多いようである。この国では、実に「ウリ」ということばが多様に使われる。

　韓国では、どうして「ウリ」ということばがこれほどまでに意識して使われるのであろうか。この点を解明するためには、「ウリ」の中身を明らかにする必要があろう。

　まずは「ウリ」という空間の核心を探ることにする。それは、個人や家族の基になっている宗族(そうぞく)集団の血筋たる「血縁」だといわれている(古田 1995, 91)。韓国で宗族とは、「宗中(そうちゅう)あるいは門中」と呼ばれるもので、父方の先祖の血統を受けついだ男系血族である。宗族は、端的に血族だと示されているように一族の人々を結びつけているのがこの先祖の血筋である。韓国人であれば、それぞれの世帯をなしている家族に所属しているだけではない。より本質的には、いずれかの宗族集団に帰属していることが強調される。その象徴が韓国の「姓」と「本貫(ほんがん)」(본관)である。「金」および「朴」などといった姓は、日本のように家族の名称ではなく、血族たる宗族の名称である。ただ、同じ姓でも異なる血族が複数あるので、各血族を区別するために姓の前に「本貫」という先祖発祥などの地名が付される。たとえば、「金海」金氏あるいは「密陽」朴氏などがその例であ

る。姓は、このように本貫とセットで使われ、人々がいずれの宗族に所属しているのかを外部からも識別することができる標識である。

　しかし、韓国人の血族への帰属は、単に姓や本貫だけに限らない。現在でも各宗族は、頻繁に実践される「先祖祭祀」を通して祖先を敬い、同族の結束を図ることで人々の血族意識を高めているとされる。旧正月や旧暦のお盆になれば、「民族の大移動」といわれるほどに人々は故郷に帰って、血族が集まり一様に儒教式の先祖祭祀を執り行う。韓国では、このように人々の帰属意識たるアイデンティティが「血縁」にその本質をなしている。

　したがって、父系血族たる宗族こそが、韓国の国家や社会を成り立たせている最も基礎的な構成要素だといわれている（ただし、最近は各々の宗族の組織力が急速に衰えているとされる）。人々の人間関係や意識を支えているのが、韓国社会の基底をなしている家族や血族なのである。

2　公私二分論と「血縁社会」の特徴

　もちろん、韓国に限らず、いずれの国家であろうと、血族を含めた家族は社会の基本的な単位となっている。問題は、家族とそれ以外の人々の集団とが互いにどのように結びついているのかである。家族と社会の関係性は国や地域によって異なる。韓国のような国の特徴は、家族主義や血縁主義といわれるほどに、家族や血族という意識の延長線上から社会空間のみならず、国家などの「公」の領域を捉える傾向がとりわけ強い点である。つまり、韓国は**「血縁社会」**なのである。

「血縁社会」の核をなす韓国の家族制度

　確かに、この国も近代化を経て公私二分論にもとづき、現代社会特有の「公」と「私」の区別が法律や社会制度に存在する。たとえば、国民と国家の権利義務関係、兵士と軍隊の命令服従関係（特に徴兵制）、労働者と会社との雇用関係、消費者と流通業者と生産者との売買関係など、法律、契約および利害にもとづいて結ばれている「公」の領域がある。一方で、親子、兄弟姉妹、恋人および友人などの血縁、愛情や友情でつながった空間たる「私」の領域がある。「公」と「私」は、社会でそれぞれ別々の領域として存在している。

　ところが、「ウリ」という関係を中心に考える韓国人の多くは、「私」（ウリ）の領域に「公」の領域を取り込みつつ、公私の区別をつけたがらない志向が特に強い。というのも、「ウリ」の空間に「公」の領域を引き入れる機能を果たしている媒体が韓国社会に数多く張りめぐらされているからである。それが、血族、同郷および同じ教育機関（大学、高校など）を卒業した同窓会などに代表される血縁、地縁および学縁の存在である（服部1992, 130 参照）。韓国の人々は、これらの「縁」を媒介に自らの利益を実現させるために、コネクションや口利きで会社、公務員および政治家などの有力者にお願い事をする。こうしたコネクションの数の多さが人々の社会的ステータスとなり、人間関係の主な価値となっている。私から公へと架橋する「縁」は、情を中心として「ウリ」というネットワークを拡張しつつ、できる限り「公」の領域を吸収して、公私の境界を取り払おうとする役割を果たしている。

　ここまで見てくると、「ウリ」空間や「ウリ」共同体の内実がある程度明らかになってくる。すなわち、韓国では、「ウリ」ということばを使って、まずは互いに血のつながった自らの家

はじめに

族、親族、さらに血族の身内意識を高め、その結束を図ろうとする。のみならず、つながりのない他者とも血縁に準じた人間関係（地縁、学縁）を形成し、さらには、社会、国家および民族までも、自らの家族や血族に見立てて「身内」であることを意識させることで「ウリ」の空間にあらゆる世界を引き込もうとする傾向がある（古田 1995, 91 参照）。

したがって、この空間は、家族、親族および血族という血縁だけでなく、その周縁に血縁に準じた人々と結びついた世界へと広がっていく。韓国は、いわゆる**「血縁社会」**を構成しているのである。

3 「血縁社会」の問題性

しかしながら、血縁を中心とする「ウリ」空間の強調は、韓国社会に深刻な問題を投げかけている。つまり、この空間が韓国にとって汚職や腐敗を生みだす社会的な温床になっていることである。政治家だけでなく、清廉さが特に要求される検察官や裁判官などの司法機関にまで賄賂が横行し、公務員の汚職が常に社会で取り沙汰される。高学歴社会の副作用として、自らの子弟を有名大学に入学させたいあまりに大学入試の不正といった事件が起こっている。国家の元首であるはずの大統領でさえも、その親族の不正蓄財などで任期の末期や退任の前後にいつも問題となっている。社会や国家の利益（公益）よりも、親族、血族および子弟の私益を最優先させようとする風潮は、韓国のマスコミなどで**「集団利己主義」**とよくいわれる。この集団利己主義によって社会の「公益性」が実現できないとの指摘がたびたび発せられる。この社会では、その構成員すべての利

益が法律などの正当な手続にもとづいて公平に配分されるような「公正さ」の確保が大きな課題となっている。韓国政府も、「公正な社会」の実現を政策推進のキャッチフレーズに掲げるほどである。

　言い換えれば、「ウリ」という私的領域を価値の中心に置くことは、他方で、「縁」でつながらない人間関係や空間（他者・公）が疎かにされたり、無価値なものと評価されやすい指向があることを含意している。より深刻な問題は、韓国の人々の多くが歴史的に「ナム」(남・他者）や「公」に対する不信が根強く、本質的に「ウリ」の空間しか信頼していないことである（古田 1995, 21）。日本の植民地時代がしかり、その解放後、民族が二つの国家に分断され、朝鮮戦争で北朝鮮とさらに対立し、北への不信が増幅された（**分断国家体制**）。韓国の国内でも長い混乱に陥り、社会がとても不安定であった（貧困、クーデター、長い軍事政権時代の経験など）。こうした混乱のなかで人々を支えてくれる唯一のセーフティネットがこの「ウリ」の空間だったのである。

　そして、社会において「ナム」（他者）に対する疑心暗鬼が著しいと、どうしても「ウリ」の各共同体（血族、同窓および会社など）はそれぞれが自己の利益のみを追求しようとする。人々が利益本位で活動するとなると、「ナム」や「公」に対する不信がますます高まり、社会全体がホッブス流の「万人の万人のための闘争状態」に陥りやすい。それほどまでに「ウリ」と「ナム」の亀裂や断絶が社会の至るところに存在する（古田 1995, 45 参照）。この国は、「ウリ」という空間の外延に弱肉強食に近い競争空間が存在し、この競争空間が「ウリ」の空間を広く覆っている社会である。韓国は極端な「競争社会」である

はじめに

とよくいわれるが、その一因が「ナム」や「公」への不信を前提とした「ウリ」空間にあまりにも偏重しすぎる**「ウリ」中心主義**にある。そこには、「市民社会」が不在であるとよく指摘される。市民社会とは、つまり家族や血族から自立した「個」で構成され、「私」と「公」との協働関係をつくりながら「公」の領域に対する人々の一定の信頼性を基盤とした社会空間である。韓国社会は、こうした社会空間が希薄なのである。ある意味、市民社会の概念から最も対極にある社会（**血縁社会**）である。

4　市民社会と戸主制

　韓国は、1987年の民主化宣言以降、1993年の文民政権と1998年の「国民の政府」の出現で長い軍事政権時代に終止符を打ち、民主化が実現したといわれる。最近では、多くの市民団体が旧い政治を払しょくするために一部の国会議員を再選させない「落選運動」を展開するなど、市民運動がとても活発である。政治の面では、日本以上に民主主義がよく機能していると評価される。

　しかし他方で、次のような指摘がある。すなわち、韓国に市民団体が多く存在するからといって、この国に市民社会が存在すると考えるのは大きな錯覚だという（이득재 2001, 18）。実際、NGOを中心として市民団体の多くは、首都ソウルを拠点として数々の社会運動を展開している。ところが、この運動の実態は、主に専門家や常勤の活動家で担われ、中央への権力志向が強い中央集権的な性格をもった**「市民のいない市民運動」**だといわれる（尹健次 2000, 293：木宮 2003, 165-166）。韓国では、民

「血縁社会」の核をなす韓国の家族制度

主化が達成され、民主主義がある程度、定着した。にもかかわらず、この社会では、なぜか「市民社会」が形成されにくいのである。それはどうしてであろうか。

　この問題を解く鍵が、本書のテーマである韓国の家族制度にある。従来の研究では、歴史的に儒教を中心とした伝統文化が韓国の人々を家族主義化させているとする。しかし、最近は、個人よりも家族を重んじる集団主義は、国家によって制度的につくりだされたものであるとの研究が有力である。そのひとつの表れが、植民地時代に日本経由で導入された「戸主制」である。この制度は、国家が国民一人一人を個人ではなく、「家」単位で登録・管理し（家制度）、かつ、この家の代表者（家長）たる「戸主」を設け、「戸主」たる機関が家族の一切を統率するものである。国家は、この家制度を通して国民の私的領域たる家族関係までも事細かに管理し、規律することが可能になった。しかも、この家制度が、全国民に例外なくほぼ一律に適用されたのである。

　その結果、国民とは、「家」単位で把握され、個人それぞれが「家」という枠組みのなかでのみ認識される。唯一、戸主だけが国家や社会の構成員主体と捉えやすくなる。戸主制の問題性は、人々を各々の「家」に法的に縛り過ぎているところにある。

　さらに、この戸主制に同姓同本婚の禁止（同じ父系血族内の男女の結婚を禁じた規則）などの父系血族のルールや儒教的な理念を組み入れることでそれぞれの「家」があたかも一宗族であるかのような伝統的な色彩を帯びるようにした（本書第1部第3章4参照）。韓国の人々のほとんどは、家制度や「家」の存在を知らない。「家」と認識できないほどに、この家族団体

はひとつの血族となっている。「家」は、まさに第二の宗族なのである（**擬似宗族化**）。韓国の人々にとって「家」という存在は、各々の血族へのアイデンティティを想起させてくれる法的装置であった。国民の多くは、伝統的にも「家」との一体性を図るように求められる。詳しくは本論で扱う（本書第1部第4章3参照）。

　韓国の人々は、このようにあまりにも家族や血族に依存せざるを得ないような家族制度に取り囲まれて生活をしている。ある研究者は、韓国人が制度的に血族や家族に埋没してしまっていることをよく指摘する（이득재 2001, 21）。このことは、血縁集団から自立した「個」が生まれにくく、仮に生まれたとしてもそれが脆弱であるという事実を示している。

　したがって、そうした「個」で形成されるはずのパブリック（公的）な空間たる「市民社会」が韓国社会になかなか見いだせないのである。90年代の後半から「戸主制」の廃止が市民運動で展開された。この運動は、単に男の支配や家族の桎梏から女性を解放することだけを意味しない。それ以上に市民社会を形成する上では「**家族の民主化**」が何よりも必須の課題であったのである（本書第1部第6章2参照）。

　本書は、こうした問題状況を踏まえて、韓国の「家族」を少し学問的に、しかもそれを制度として形づくっている「法律」という視角から捉えてみようとする一風、変わった書物である。今まで「法律書」といえば、条文の内容や解釈について難解に書かれ、かつ、人々のもめごと（訴訟）を解決するためであったり、市民の権利を守るための方法や解法を解説するなど、実用的なものが主流であった。もちろん、本書も韓国家族法の規定や裁判例を解説している点では紛れもなく「法律書」である。

「血縁社会」の核をなす韓国の家族制度

　ところが、この本は、韓国の法律そのものを理解するところに重きが置かれているのではない。むしろ、「法律」という制度の枠から透けて見えてくる韓国の伝統的な家族のかたち、韓国女性の苦悩および子どもたちの姿など、家族から見た韓国社会の情景を映しだそうと試みた社会論の書である。いわば、「**血縁社会**」の法的なメカニズムを明らかにするとともに、今、韓国がこの**血縁社会**から抜け出そうとする動きにも注目する。本書を手にした読者は、始めは韓国法という無数の条文が茂みとなってまるで枝葉が錯綜(さくそう)した「森」のように不可解に思われるかもしれない。しかし、もう少し読み進むと、韓国の家族制度の特徴やその家族が今、直面している課題および問題に触れることができるように構成している。そうした試みが実際に成功したのかどうかに対する評価は読者の方々に委ねたい。

　次の第1部第1章では、韓国における現代家族の状況を統計数値から読み解きながら、本書が扱おうとする問題の所在とこの問題に対していかなる観点から迫ろうとしているのか、その視角を明らかにすることにする。

もくじ

はじめに

「血縁社会」の核をなす韓国の家族制度 …………… ii

1 韓国の「ウリ」空間と血縁社会 ………………… ii
2 公私二分論と「血縁社会」の特徴 ……………… iv
3 「血縁社会」の問題性 …………………………… vi
4 市民社会と戸主制 ……………………………… viii

凡　例 …………………………………………………… xix

第1部　韓国における「近代戸主制」という装置とその終焉

第1章　現代韓国の家族の「すがた」と本書の視角 ………………………………………… 2

1 統計から見た韓国家族の「今」………………………… 2
(1) 家族形態の変化／2　(2) 結婚・出産・離婚の推移と「子ども」の存在／6　(3) 少子化の現象と戸主制の廃止／11

2 韓国の家族制度を構成する3つのキーワード
　　──「宗」・「戸」・「家」………………………………… 15
(1) 「宗」というキーワード／16　(2) 「戸」というキーワード／20　(3) 「家」というキーワード／22

xii

3 本書の視角 ………………………………………… 25

第2章　韓国の戸主制 ……………………………… 33

1 韓国の民法改正と戸主制の廃止 ………………………… 33
2 韓国の民法典と戸主制 …………………………………… 38
3 韓国の戸主制とは？ ……………………………………… 40
　(1)　日本との違い／40　　(2)　制度の核をなす「家制度」／43
4 家の構成 …………………………………………………… 47
　(1)　「戸主」の担い手／47　　(2)　「家」のメンバーと肥大化の問題／48
5 戸主の権限 ………………………………………………… 51
　(1)　戸主による家族への法的支配／51　　(2)　民法改正と戸主権限の形がい化／52
6 戸主の承継（父系血統の永続性）………………………… 54
　(1)　男子優先の序列／54　　(2)　男子優先の思想／56

第3章　植民地朝鮮への家制度の移植 ………… 58

1 伝統的な朝鮮の戸籍と近代戸主制度の導入 …………… 58
2 「家」制度への組換え …………………………………… 62
3 朝鮮の近代戸籍制度と家族慣習法 ……………………… 66
4 宗法制と戸主制 …………………………………………… 69
5 「法外化」された宗中団体 ……………………………… 72
6 家族制度の「日本化」とその挫折 ……………………… 74

第4章 大韓民国の建国における戸主制の持続と強化 …… 79

1 植民地からの解放と戸主制 …… 79
2 民法典の制定と戸主制 …… 81
3 「伝統」の装置たる戸主制 …… 85
4 差別意識を生み出す戸籍制度 …… 88
5 儒林団体と女性団体 …… 91

第5章 権威主義体制下における戸主制の功罪 …… 96

1 権威主義体制下での戸主制の機能 …… 96
2 海外養子の問題と養子制度 …… 98
　(1) 海外養子とは？／98　(2) 韓国の普通養子制度／101　(3) 養子制度の実態／104　(4) 海外養子と特例法／105

第6章 家族形態の変容と家制度の終焉 …… 107

1 グローバル化する韓国の家族 …… 107
　(1) 外国人労働者と国際結婚／107　(2) 父母両系血統主義の採用と変則的な民法の改正／109　(3) 外国人の「嫁」と偽装結婚／111
2 法による家族制度の「民主化」と伝統性 …… 114
　(1) 家族制度の「民主化」と憲法裁判所／114　(2) 同姓同本禁婚制に対する違憲決定／118　(3) 憲法裁判所の違憲決定と国会の対応／120
3 特別養子制度たる「親養子制度」の導入をめぐって … 121

(1) 「家族の再編」による養子制度のあり方／121　(2) 親養子制度の成立とその内容／123　(3) 制度の導入に対する保守派の反対理由／126

4 出生性比の不均衡問題と戸主制の廃止 ……………… 128
　(1) 戸主制廃止運動と出生性比の不均衡問題／128
　(2) 出生性比不均衡問題の実態とその法的対応／131
　(3) 出生性比の不均衡問題を生み出す「男児選好」の制度——戸主承継制のメカニズム／133

5 家族の「血統」や男女の「性差」に対する本質的な懐疑 … 135

第2部　戸主制の廃止以降における儒教家族のゆくえ

第1章　現代における「姓」の制度と宗中団体（父系血統集団） ……………… 140

1 戸主制廃止後の姓の制度——子の姓と本の問題 ……… 140
2 「姓」と「本」の社会的機能 ……………………… 143
3 父姓主義の原則とその例外 ………………………… 146
4 「姓」と「本」の変更の実態 ……………………… 148
5 姓の制度を支える社会実態（宗中団体） ………… 150
6 宗中団体とは？ …………………………………… 151

第2章　2005年の民法改正以降の宗中団体 …… 154

1 家族と宗中 ………………………………………… 154
2 宗中団体の特徴 …………………………………… 155
3 女性への宗員資格をめぐる宗中団体 ……………… 158

4 宗中団体の現代的変容 ……………………………… 160

第3章　宗中団体における祭祀相続の変容
――「祭祀を主宰する者」とは？ ……… 165

1 祭祀相続をめぐる長男と弟、姉妹 …………………… 165
2 祭祀用財産の相続規定と祭祀相続の問題点 ………… 167
3 祭祀用財産の相続規定に対する合憲性 ……………… 170
4 祭祀相続についての従来の「慣習」………………… 172
5 祭祀用財産の相続規定に対する 2008 年の大法院判決 … 174
6 2008 年の大法院判決の新しい視角と結果の妥当性 … 177

第4章　儒教家族の「伝統性」と現代社会 …… 181

1 「祭祀主宰者」の決定方法に現れた問題性 ………… 181
　(1)　「家族伝統」を重視した大法院の判決――多数意見の立場／181　(2)　祭祀主宰者の決定と「現代的な価値」――反対意見からの視点／183
2 憲法の平等原則と家族伝統 …………………………… 185
3 家族伝統に対する学説と憲法裁判所の立場 ………… 189
　(1)　憲法外現象論とその評価／189　(2)　「家族伝統」に対する憲法裁判所の見解／191
4 家族伝統の「危うさ」………………………………… 195
　(1)　大法官の意見対立からみた「家族伝統」／195
　(2)　法秩序の現代化と「家族伝統」／198　(3)　死者の遺志と「家族伝統」／199

おわりに

戸主制の廃止以降における家族のあり方 ……… 204

1 戸主制廃止後の「家族」とは？ ……………………… 205
2 新しい身分登録制度の名称問題 ……………………… 207
3 「家族」をめぐる社会問題と「家族」への支援体制 … 209
4 「健康家庭」の概念をめぐる論争 …………………… 211
5 「家族」を取り巻く韓国社会 ………………………… 214

あとがき ……………………………………………… 219

引用・参考文献一覧／227
〈付録〉近現代韓国家族法制の年表／243
事項索引／244

装丁＝秋元真菜美（志岐デザイン事務所）

■著者紹介■

岡　克　彦（おか・かつひこ）
　公立大学法人・福岡女子大学国際文理学部教授、博士（法学）

　韓国・ソウル大学大学院法学研究科修士課程修了、北海道大学大学院法学研究科博士後期課程公法専攻中退。
　北海道大学法学部助手、長崎県立大学経済学部助教授および同大学教授を経て、現在に至る。
　慶應義塾大学東アジア研究所嘱託研究員および米国・カリフォルニア大学バークレー校韓国研究センター客員研究員などを歴任。現在、北海道大学法学部附属高等法政研究教育センター客員研究員（兼任）。

　専門分野　比較憲法学、アジア法学、韓国地域研究

【主な著書】
『在日のための韓国国籍法入門』≪共著≫（明石書店、1999）
『変容するアジアの法と哲学』≪共著≫（有斐閣、1999）
『アジア法研究の新たな地平』≪共著≫（成文堂、2006）
『グローバル世界の法文化―法学・人類学からのアプローチ』≪共著≫（福村出版、2009）
『アジアの憲法入門』≪共著≫（日本評論社、2010）
『韓国国籍法の逐条解説』≪共著≫（明石書店、2014）
『新解説・世界憲法集　第4版』≪近刊・共著≫（三省堂、2017）
など。

凡　例

1　法令および法律用語などの翻訳

　法令や法律用語は、原文にしたがって、できるかぎり忠実に翻訳するようにした。ただし、読みやすさにも配慮して、意味の通じないところを意訳したり、用語の不統一を修正した箇所もある。日本の法令の用語法にしたがったところもある。

2　引用方法

　立法資料および単行本・論文などの引用については、巻末の「引用・参考文献一覧」の著者名（日本語文献は、なるべく著者の氏のみを記した。）または機関名、発行年度および該当頁数にしたがって表記する〔例（青木 1999, 89）、(김대중 1997, 67)〕。裁判例の引用は、下記の略語および宣告日と共に事件番号を付している〔例（憲決 1997 年 3 月 27 日、96 헌가 7）〕。新聞などの引用は、新聞名、日付および面数にしたがって記す〔例（朝鮮日報 2006 年 11 月 28 日付、A34）〕。

3　略語

　法令および裁判例の略語は、次のとおりである。そのほかの法令については適宜に法令名を記すことにする。

【法令名】

憲	大韓民国憲法
旧民	2005 年改正前民法（韓国）
改民	2005 年改正後民法（韓国）
戸	戸籍法（韓国）

凡　例

　　家　　　　　家族関係の登録等に関する法律（韓国）
　　刑　　　　　刑法（韓国）
　　日民　　　　民法（日本）
　　日旧民　　　旧民法（日本）
【裁判例】
　　朝高判　　　朝鮮高等法院判決
　　大判　　　　大法院判決
　　大決　　　　大法院決定
　　憲決　　　　憲法裁判所決定
　　地院判　　　地方法院判決
　　地院決　　　地方法院決定
　　地院審　　　地方法院審判

4　事件番号の体系と事件別の符合

　一般法院や憲法裁判所で扱う事件番号の体系は、次のとおりである。たとえば、「96헌가7」の場合、この番号は、①事件が裁判所や法院で受理された年を西暦で表示された年度区分（1996年に受理した事件）、②事件の種類別に分類された事件別の符合（헌가：違憲法律審判事件）および、③一年度内に事件が裁判所や法院に受理された順序にしたがって付された一連の番号（事件の個別番号：7）を組み合わせて表示されている。このうち、事件別の符合による事件の種類は、主に以下のとおりである。

■　憲法裁判所の事件番号に付される主要な「事件別の符合」
　の分類（헌법재판소 2008, 396）
　　헌가　　　　違憲法律審判事件

凡　例

　헌나　　　　弾劾審判事件
　헌다　　　　政党解散審判事件
　헌라　　　　権限争議審判事件
　헌마　　　　第1種憲法訴願事件（公権力による基本権侵害事件）
　헌바　　　　第2種憲法訴願事件（違憲法律審判付託申請の棄却決定に対する不服申立事件）

■　一般法院の事件番号に付される主な「事件別の符合」の分類（재판예규 제1511호）

　가합　　　　合議制による第一審の民事事件
　가단　　　　単独制による第一審の民事事件
　나　　　　　控訴された民事事件
　다　　　　　上告された民事事件
　드합　　　　合議制による第一審の家事事件
　드단　　　　単独制による第一審の家事事件
　느단　　　　単独制による家事非訟事件
　르　　　　　控訴された家事事件
　므　　　　　上告された家事事件
　고합　　　　合議制による第一審の刑事事件
　고단　　　　単独制による第一審の刑事事件
　노　　　　　控訴された刑事事件
　도　　　　　上告された刑事事件
　구합　　　　合議制による第一審の行政事件
　구단　　　　単独制による第一審の行政事件
　누　　　　　控訴された行政事件
　두　　　　　上告された行政事件

xxi

第1部　韓国における「近代戸主制」という装置とその終焉

ソウル市北部にある「北村」の韓屋集落（북촌 한옥마을）の路地風景（筆者撮影）。

第1章　現代韓国の家族の「すがた」と本書の視角

1　統計から見た韓国家族の「今」

(1) 家族形態の変化

　韓国では、伝統的に儒教精神たる「孝」の観念が強く、先祖や親を大切にしつつ、家族が何よりも重んじられてきたといわれる。ある研究者はこの点について次のように述べる。「韓国の家族制度で父母と子女の間の関係は、最も独特な特性を帯びている。これがまさに『孝』の文化である。……この『孝』の文化を基盤とした上で美しくもあり、暖かい父母・子女の関係が維持されてきたのである」(신용하 외 1996, 145-146)。韓流ドラマを見ても、韓国人は自分（個人）よりも父母はもちろんのこと、兄弟姉妹も大事にするなど、家族に対する意識が非常に高いという印象を視聴者たる日本人にも与える。ところが、最近、韓国で発表された家族指標は、こうした今までの韓国の家族に対するイメージに再考を促すような統計数値を示している。

　以下の統計は、主に韓国の政府機関である女性家族部が2011年1月に報告した『2010年・第2次家族実態調査』にもとづいた数値である（조희금 외, 2010）。この調査は、全国2,500世帯の4,754名を対象としている（調査期間：2010年8月16日～10月1日）。なお、ここでは、韓国の家族形態の状況と比べるために、同じ2010年における日本の家族形態の状況

第 1 章　現代韓国の家族の「すがた」と本書の視角

表 1　韓国の家族構成

世帯構成	家族形態	世帯数	%
全体		2,500	100
一世代	夫婦	201	8.1
一世代	高齢者夫婦	289	11.6
一世代	兄弟姉妹	35	1.4
二世代	夫婦と子（核家族）	1,211	48.4
二世代	父と子（父子家庭）	23	0.9
二世代	母と子（母子家庭）	159	6.4
二世代	その他	63	2.5
多世代	祖父母、夫婦と子	91	3.6
多世代	祖父母、片親と子	25	1.0
多世代	四世代以上	4	0.16
一人暮らしの世帯	未婚女性	63	2.5
一人暮らしの世帯	未婚男性	65	2.6
一人暮らしの世帯	既婚女性	50	2.0
一人暮らしの世帯	既婚男性	21	0.8
一人暮らしの世帯	女性の高齢者	160	6.4
一人暮らしの世帯	男性の高齢者	35	1.4

（2010 年 10 月現在）

注 1）　高齢者夫婦とは、夫婦のいずれか一方が満 65 歳以上である場合をいう。

注 2）　高齢者とは、満 65 歳以上の者をいう。

典拠）　조희금 외『2010년 제2차 가족실태조사』（여성가족부, 2010) 93면.

をカッコで示しておく（総務省統計局の統計による）。

　2010 年 10 月現在、家族の形態として最も多いのが、夫婦と子どもの二世代で構成された核家族である。全体の 48.4％ を占めている（日本 27.9％）。次が夫婦二人だけの家族で、全体の 19.7％ である（日本 19.8％）。特に、注目すべきことは、夫婦二人の家族のうちのおおよそ 6 割が満 65 歳以上の老夫婦の家族だということである（日本 53.9％）。三番目に多いのは、

第1部　韓国における「近代戸主制」という装置とその終焉

一人暮らしの世帯である。全体の15.7％である（日本32.4％）。その内訳を見ると、一番多いのが満65歳以上の女性高齢者の6.4％である。次に未婚の男性の2.6％、未婚の女性の2.5％、満65歳以上の男性高齢者の1.4％へと続く。母と子どもだけの母子家庭が6.4％、父と子どもだけの父子家庭が0.9％である（ひとり親家族の割合：7.3％、日本8.7％）。戸主制や敬老精神に代表される伝統的な三世代、つまり祖父母、親および子どもで構成された多世代家族は僅か4.76％に過ぎない（日本7.9％）（**表1**）。

　韓国でも、急激な産業構造の変化に伴って、都市化が進み、家族のかたちが核家族化していた。儒教的でより韓国らしい三世代の家族は、今や影を潜め、家族の形態として一番少なくなっている。最も多い家族形態は核家族である。全体のほぼ5割弱を占めている。日本では、むしろ一人暮らしの世帯が多くなっている。この世帯の割合がすでに核家族の世帯の割合よりも上回っている。日本に比べてまだ割合が少ないとはいえ、最近の韓国でも単身世帯たる「おひとり様」が増える傾向にある。家族形態の多様化が進んでいる。とりわけ、高齢社会を象徴するように子どもと別居したり、身寄りのないお年寄りの世帯（一人暮らしと老夫婦だけの家族を含む）が全体の19.4％になる（日本19.9％）。意識調査によると、これは子ども夫婦が親を遠ざけているというよりも、親の方が子ども夫婦の世話になりたがらないケースが多いようである。子どもたちに面倒や迷惑をかけたくないからである。高齢者の多くは、自立した子どもの家族からあえて離れて生活しようとする傾向にある（장혜경외 2004, 155-156）。「子どもは老後の支え」とか「子どもへの惜しみない愛情や投資は、将来、年老いたときに子どもを頼るた

第1章　現代韓国の家族の「すがた」と本書の視角

めである」との観念は、今や神話になりつつある。したがって、韓国でも高齢者に対するケアは、子ども夫婦による「家族介護」から国や社会の制度による「社会介護」へとその転換を迫られている。

　最新の動向が気になるところであるが、韓国政府は、2015年3月に第3次家族実態調査を実施した（調査期間：2015年3月17日～3月30日）（장혜경 외 2015）。2010年当時の統計と比較すると、今回の調査では全世帯において夫婦と子どもの二世代で構成された「核家族」の占める割合（44.2%）が4.2ポイント減少しているに対して、「ひとり親家族」の世帯の割合（9.4%）は2.1ポイント増加している。「ひとり親家族」の内訳では、母子家庭の割合が7.4%であり、父子家庭の割合が2.0%であった。母子、父子のいずれの家庭も増える傾向にある。最も顕著な違いは、日本と同じく韓国でも「一人暮らし」の世帯の割合（21.3%）が急増していることである。5年前と比べて、5.5ポイントも増加している。ただし、残念なことに2015年の調査では、満65歳以上の高齢者がそれぞれの家族形態に占める割合を示していない。すでに述べたが、韓国でも「高齢社会」といわれているように、年々にわたって高齢者だけの夫婦や一人暮らしの世帯が増えていると一般的に伝えられている。けれども、今回の調査ではその実態を明らかにしていない。家族形態における高齢者の動向については2010年と2015年の調査を比較できなかった。

　ある研究者は、韓国における今後の家族形態の推移について次のように予測していた。家族の形態は、これからも三世代以上の多世代家族が少なくなると共に、夫婦と子どもが一緒に暮らす二世代家族（核家族）さえも減少していくであろう。その

5

一方で、子どもと同居しない、あるいは子どものいない夫婦だけの家族や一人暮らしの世帯がますます増え続けるものと見通していた（장혜경 외 2012, 46-47）。上の2つの調査結果の比較は、ほぼこの予測どおりの傾向を示している。

近現代における家族形態の主流は、「核家族」であった。夫婦二人と子どもの二世代で構成された家族がその最も基本的な単位だといわれてきた。ところが、今後の家族形態は、上の予測のように子どもと一緒に暮らさない夫婦だけの世帯の増加に伴い、核家族そのものが減少して、その形態がさらに縮小化していく「超核家族」の出現が予想されている。それだけではない。家族の形態は、少なくとも二人以上で構成される必要がある。ところが、おひとり様たる一人世帯が増大するなかで、ついに「家族」の概念そのものが崩れる「非家族」(non-family) の形態が表れていると指摘される（장혜경 외 2012, 47）。家族をつくることなく、あるいは家族との関係が断たれて一人で暮らす個人の増加である。韓国でも、今、「核家族」の概念が見直されている。

こうした背景には、以下で検討するような事情がある。それは、結婚をしない「非婚」（シングル）や結婚をしてもいつかは離婚をしてしまう人々が増えていることである。さらに、結婚をして新しい家族がつくられたとしても、あまり子どもを産まない日本と同様の「少子化現象」が深刻な社会問題となっている。今から実際の状況を見ていくことにする。

⑵ 結婚・出産・離婚の推移と「子ども」の存在

ここで取り上げる統計数値は、韓国統計庁によるものである。新しい家族をつくるために結婚した男女のカップルの数は、

第1章　現代韓国の家族の「すがた」と本書の視角

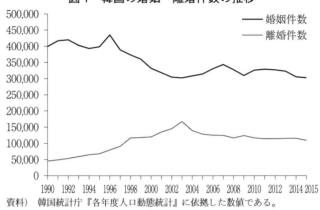

図1　韓国の婚姻・離婚件数の推移

資料）　韓国統計庁『各年度人口動態統計』に依拠した数値である。

1996年をピークに減少し、現在、やや横ばい傾向にある（図1）。しかも、男女ともに晩婚化が著しく進行している（表2）。一方、それに反比例するかのように、離婚するカップルの数は、1990年から2003年まで急激に増加している。2003年の件数は、比較的に離婚件数の少なかった1982年ごろの6.2倍にも上る。現在、ピーク時よりもやや減少したとはいえ、なお高い数値を示している（図1）。他国と比べると、人口1000人当たりの離婚件数は、日本をはるかに凌ぎ、OECD加盟の国家のうちでも上位を占めるぐらいに多い国として挙げられるほどである（日本・総務省『世界の統計2016』による）。離婚の増加がひとり親家族や一人暮らし世帯を増やす要因のひとつだといわれる。特に、最近の傾向は、今まで結婚に対して保守的な観念が強いといわれていた60歳以上の夫婦による「黄昏離婚」（熟年離婚）が増えていることである（表3）。

その一方で、離婚経験のある男女が再び結婚しようとする再婚カップルが増加の傾向にある（表4）。一旦、結婚すれば、夫

第1部　韓国における「近代戸主制」という装置とその終焉

表2　平均初婚年齢の変化
(単位：歳)

	平均初婚年齢	
	女子	男子
1998	26.0	28.8
1999	26.3	29.1
2000	26.5	29.3
2001	26.8	29.5
2002	27.0	29.8
2003	27.3	30.1
2004	27.5	30.5
2005	27.7	30.9
2006	27.8	31.0
2007	28.1	31.1
2008	28.3	31.4
2009	28.7	31.6
2010	28.9	31.8
2011	29.1	31.9
2012	29.4	32.1
2013	29.6	32.2
2014	29.8	32.4
2015	30.0	32.6

資料）　韓国統計庁『人口動態統計年報』各年度の統計数値に依拠している。

表3　高齢者の離婚件数の推移
(単位：件数)

年	男子	女子
2000	3,303	1,235
2001	3,800	1,464
2002	4,434	1,760
2003	6,067	2,428
2004	5,645	2,349
2005	5,907	2,578
2006	6,488	2,863
2007	7,343	3,468
2008	8,541	4,158
2009	8,897	4,093
2010	9,048	4,100
2011	9,117	4,279
2012	9,674	4,688
2013	10,492	5,358
2014	11,260	5,949
2015	11,636	6,215

注）　高齢者とは、60歳以上の者をいう。
資料）　韓国統計庁「報道資料：2015年婚姻・離婚統計」(2016) 43-44頁の数値による。

表4　婚姻届出件数に占める婚姻形態別の構成比
(単位：％)

年	1996	1998	2000	2002	2004	2006	2008	2010	2012	2014
構成比	100	100	100	100	100	100	100	100	100	100
初婚(男)＋初婚(女)	85.9	84.0	82.0	78.7	74.9	77.2	76.4	78.1	78.6	78.4
初婚(男)＋再婚(女)	3.8	4.4	4.9	5.6	6.2	5.5	6.3	5.6	5.8	6.0
再婚(男)＋初婚(女)	3.6	3.5	3.5	3.8	3.9	4.2	4.6	4.3	4.1	3.9
再婚(男)＋再婚(女)	6.7	8.1	9.6	11.6	14.4	12.5	12.8	12.0	11.5	11.6

注）　本表は、隔年度の統計数値に限定して表示している。
資料）　韓国統計庁「報道資料　2014年婚姻・離婚統計」および同「各年度人口動態統計」の数値に依拠している。

第1章　現代韓国の家族の「すがた」と本書の視角

婦は一生涯、家族として連れ添うべきであるとの当事者や世間の結婚に対する「縛り」が弱まり、離婚に対する否定的なイメージが払しょくされつつある。むしろ、新しい男女の出会いを積極的に求め、お互いに気が合えば、生活を共にして新たな家族をつくろうとする。いわゆる「家族の再編」が進行している。

韓国の「家族」で最も大きな異変は、極端に低い出産率——「超低出産率」（少子化）——の現象である。韓流ドラマでは、舅や姑が嫁に「男の子」を出産するように様々な形でプレッシャーをかけるシーンがよく放映される。ドラマだけでなく、実際にも韓国の嫁たちが結婚して最も腐心するのは、男の子を産むことだといわれる。これを見た日本の視聴者からよく発せられる質問がある。それは、韓国の家族はどうしてそこまで「男の子」にこだわるのであろうか、ということである。

その一応の答えはこうである。韓国の家族の特徴は、日常で実際に生活を共にする家族共同体とは別に、主に父系血統で結ばれている血族集団たる宗族（宗中）に韓国のほとんどの人々が所属していることである。韓国でよくいわれる「儒教」に則った家族とは、この宗族を指している。

ところで、この宗族（宗中）が伝統的に永く後世にわたって存続することができたのは、その血筋を引き継いでくれる子孫が存在していたからである。このことを裏づけているのが、儒教の核心的な徳目である「孝」の観念だといわれている。この観念は、日本のように単に自らを産み育ててくれた親に対する敬愛や親孝行だけを意味しない。何よりも男系血統の永続性をその観念の柱としているために、その血統の出発点である先祖を敬いその御霊を弔う「先祖祭祀」を重視すると共に、その血を受け継いでくれる長子を産むことまでも含まれた広い観念で

第1部　韓国における「近代戸主制」という装置とその終焉

図2　「孝」の観念

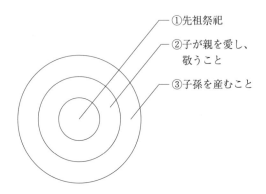

資料）　加地（1990）19頁の内容を、筆者が図式化したものである。

ある（加地1990, 19）（図2）。本書のテーマである「戸主制」でも、家系を継承するために戸主承継の制度があるが、これは必然的に子ども、特に「男の子」が生まれることがその制度的な要請となっている（旧民984条）。長男にできる限り家や血族を継がせるような法的なしくみになっていた（ただし、2008年に廃止）。こうした血統観念の強かった韓国では、今まで子どもの存在が夫婦および家族のあり方をほぼすべて規定してきたといっても過言ではなかった。

最近では、家族の現代化が進み、先祖祭祀の形がい化に伴って、過去の象徴である「先祖」への追慕よりも、家族や血族の未来を担う「わが子」への情愛の方が質的のみならず、量的にもはるかに勝っている場合が多い。母（엄마）のわが子に対する愛（사랑）はその象徴である。そのひとつの現れが母親の子どもに対する教育熱である。今や大学入試に向けた「能力競

争」は低年齢化しており、英語や数学など、初期の英才教育は2歳か3歳ごろから始まるとされる。それを専門とする学習塾(학원)まである。小学生や中学生になれば、いい塾を探すために母親同士で活発に情報交換を行う。母親たちは、数多くの有名塾に通わせるために1週間の日程表をつくり、それにしたがって塾から塾へと自ら車を運転して子どもの送り迎えをする。その姿はさながら「芸能人のマネジャー」のようである(朝鮮日報 2002年12月6日付、A24)。彼女たちのなかには「子女教育の成功＝有名大学への合格」という図式がすでに出来上がっている(윤택림 2001, 77참조)。さらに、子どもの将来を考えて母子だけでアメリカなどの国外に長期の留学をし、父はその仕送りのために韓国で一人せっせと仕事に励んでいるケースもある。いわゆる「キロギ・アッパ」(기러기 아빠・渡り鳥の雁のようなパパ)の存在である。家族や夫婦が、余りにも子ども中心の生活になっていることがしばしば指摘されるほどである(윤택림 1996, 94)。

(3) 少子化の現象と戸主制の廃止

ところがである。最近の統計によると、韓国は一人の女性が生涯にわたって産むであろう子どもの平均数、つまり**「合計特殊出生率」(図3)** が主要な先進国のうちで最も低い国のひとつに挙げられている(日本・総務省『世界の統計2016』による)。少子化で苦悩している日本よりもその数値がさらに低い状態にある。このことは、韓国のマスコミでもショッキングに報道された。各新聞の紙面の見出しに「韓国出産率1.08人！'世界最低'の衝撃」、「出産率1.08人ショック！」という文字が躍っていた(文化日報 2006年5月9日付、5：東亜日報 同年5月9日

第 1 部　韓国における「近代戸主制」という装置とその終焉

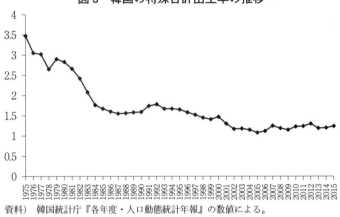

図 3　韓国の特殊合計出生率の推移

資料）　韓国統計庁『各年度・人口動態統計年報』の数値による。

付、A4)。この問題の深刻さは次のように伝えられた。「出産率の低下と高齢化による成長の鈍化は、今世紀、韓国経済が直面した最大の課題だといっても過言ではない」(国民日報 2006 年 8 月 8 日付、18)。

　最近、韓国の男女は、結婚をしようとしても、(何らかの事情で) できない、あるいは、あえて結婚をしようとしない人々が増えている。さらに、結婚をして子どもを産みたいけれど、産めない夫婦、あるいは子どもをあえて産まないカップルが増え始めている。社会では、特に結婚をしたがらない人、遅く結婚する人および子どもを産みたがらない人を指して「三放棄世代」(恋愛、結婚、出産の放棄) とか、あるいは「非晩世代」(非婚・晩婚を指す非晩という造語が「肥満」と同音異義語〔비만〕) と揶揄する (東亜日報 2011 年 11 月 18 日付、A34)。今、後世にわたって永く世代を受け継いでいくことを旨としていた韓国の家族観に大きな異変が起きている。各家庭や血族であれほどま

第1章　現代韓国の家族の「すがた」と本書の視角

でにほしがっていた「子ども」をあまり産まなくなり始めたのである。

　子どもに対する伝統的な家族観念と現実との落差（ギャップ）は、どうして起こったのであろうか。また、韓国の男女を取り巻く家族意識や家族制度が、最近に入ってどのように変わってきたのであろうか、あるいは、変わらないのだろうか。こうした問題点を解明するためには、韓国社会を特徴づけていた「家族」が、今、どのようになっているのかを探る必要があろう。本書で韓国の「家族」をテーマにする理由がここにある。

　特に、注目すべきことは、男女や家族に関する統計数値の推移が、戸主制の廃止をめぐって民法の改正が論議され始めた1990年から、この廃止が国会で決定される2005年3月までの過程とほぼ軌を一にしていることである。とりわけ、1995年ごろから2005年までの間に家族にまつわる数値が急激に変化をしている。今まで見たような婚姻件数の減少、晩婚化、離婚件数の増加および超低出産率（少子化）などの顕著な現象は、ほぼこの時期に同時に起こっている。急激な家族形態の変化を反映するかのように、同じころに国会では戸主制の廃止をめぐって女性団体と保守系の団体や国会議員とで論争が繰り広げられ、その廃止まで紆余曲折を経た。統計数値の変化とその廃止過程とは、何らかの相関関係がありそうである。ここでは、その関係を明らかにする手がかりとして韓国の戸主制に着目する。

　韓国にとって**戸主制**とは、男系血統の中心存在であり、かつ家長たる「戸主」が家族の構成員を監護し、その地位を原則として長子に引き継がせる制度である。女系血統があまり配慮されずに、かつ、戸主の支配により母、妻および娘らの地位や立場が蔑ろにされていた。この制度は、「法律」によって家族制

第1部　韓国における「近代戸主制」という装置とその終焉

度の根幹に位置づけられたことから、今まで強い強制力でもって韓国のあらゆる家族を拘束し続けてきた。その影響は、単に家族のレベルだけに止まらなかった。社会全般にわたって男女のあり方までも規定し続けたといわれている。韓国の女性運動においても、男性の女性に対する権力支配や性的支配を概念化したキーワードに**「家父長制」**（가부장제）がある。韓国にあっては、戸主制がまさに「家父長制」の象徴であるとする（양현아 2000a, 67）。

したがって、女性団体のメンバーたちは、女性の法的地位を守るために、1960年代の民法制定当時から戸主制の導入に反対し、それが法制化された後も民法の改正の度にその廃止を唱えてきた。その長年の努力の結果が2005年の民法改正で戸主制の廃止を実現させた。女性運動の視点からすれば、この廃止はいわば「男性支配からの女性の解放」を意味づけたのである。ただし、廃止の原因については、ただ単に女性運動の結果からだけでは説明がつかない。この本で明らかになるが、その背後には「家族」を取り巻く社会環境の急速な変化がとりわけ大きな要因になっていた。

それでは、具体的な問題点に入る前に韓国の家族制度を成り立たせている3つのキーワード（「宗」・「戸」・「家」）に着目しつつ、この制度の基本的な構造やその特徴を捉えておくことにする。というのも、そもそも韓国の家族制度はどのようになっているのか、というこの本の導入部での読者の疑問にまず答える必要があるだろうと考えるからである。さらに、この家族制度のあらましを鳥瞰することで、戸主制をめぐる問題が生じる要因や社会的な背景などがさらに分かりやすくなる、というメリットもその理由として挙げられる。今から実際にこの国の家

族のしくみを見ていこう。

2 韓国の家族制度を構成する3つのキーワード
―― 「宗」・「戸」・「家」

　韓国の家族制度について理解するためには、まずつぎの3つのキーワードの内容とそれぞれの関係を把握しておくことが必要であろう。ひとつは、儒教的な血族集団たる「宗(そう)」ということばである。もうひとつは、居所を根拠として実際に生活をしている家族団体たる「戸(こ)」(戸口)ということばである。そして、最後は、法律にもとづいて構成された家族団体たる「家(いえ)」ということばである。

　本書の主題である「戸主制」や「戸籍制度」については、韓国で大きく二つの見方がある。第一は、朝鮮で古くから伝えられてきた伝統的な制度であるとの捉え方である。これらの制度は、元々、古代ごろからあった朝鮮・韓国の伝統文化であるとされる(**伝統文化論**)。これに対して、第二は、現在の戸主制が日本の植民地時代に日本から移植された近代的な制度であるとの見方である。その特徴は、朝鮮の宗法制から父系血統を尊重しようとする家族のイデオロギー(理念)を特に抽出し、日本の家(イエ)制度に宗法制の血族ルールを結びつけて「近代的なもの」へと再編された家族制度であるという点である。韓国のフェミニストたちは、男系血統という「血」の原理を強調するのは韓国の伝統文化ではなく、国家によって制度的につくりだされたものであると主張する(**伝統構成論**：양현아 2011, 108)。

　最近、2008年に廃止された「戸主制」の捉え方について伝統文化論と伝統構成論とが対立している原因のひとつは、主に

第1部　韓国における「近代戸主制」という装置とその終焉

「戸」と「家」との区別がなされず、両者のことばを混同してきたところにある。また、父系血統で結ばれている血族集団たる「宗」と「家」の違いや、「宗」と「戸」の差異もあまり意識されてこなかった点にも起因している。現地の法学や歴史学では、韓国の戸主制は日本式の家制度に朝鮮の家族慣習であった「宗」のルールの一部が組み込まれて形づくられた経緯があり、日本の植民地支配から解放された後、建国後もそれぞれの「家」があたかも昔からの宗族であると多くの韓国人が認識するようになったのだと説明する（李庚熙 2003, 71）。詳しくは後で述べる（本書第1部第4章3参照）。

それゆえに、3つのキーワードの相互の区別があいまいになっている。この区別は、今日の家族制度の意義を明らかにする上では重要である。すなわち、現代において3つのキーワードは、制度としてどのような関係になっており、かつ、2008年1月に戸主制が廃止されて以降、宗法制度はどのように変化しているのか、あるいは変化していないのかが問題となる。こうした関係や問題を解明するためには、その前提としてこれらのキーワードの意味を明確にしておく必要がある。以下では、それぞれのキーワードの主な内容を見ておこう。

⑴ 「宗」というキーワード

韓国でよくいわれる「儒教」に則った家族制度というのは、「宗法制」を指すことが多い。これは、朝鮮時代に中国から伝来した制度だといわれている。**宗法制**とは、父系血統で結ばれた血縁集団である宗族（宗中・종중）が、先祖祭祀を中心に一族を統率するシステムである（青木 2016, 19）。現在も李氏朝鮮王朝の祭礼がソウルなどで行われる。毎年5月に開催される全

第1章　現代韓国の家族の「すがた」と本書の視角

写真1

韓国の地方にある郷校（향교）の「秋季釈尊祭」行事の一場面。孔子像の前で儒教式の祭礼を行っている。こうした祭礼のやり方が各宗中の先祖祭祀でも実践されている（筆者撮影）。

州李氏たる王家の宗廟大祭がその代表例である。旧正月や秋夕(チュソク)（추석・旧暦のお盆）にもなれば、「民族の大移動」といわれるほどに都市から地方に移動して、多くの人々が親戚同士で集まり、茶礼(チャレイ)や墓参などの先祖祭祀を一様に行う。いずれも宗法制に則って儀式が行われる（**写真1**）。韓国社会で最もなじみのある家族制度である。宗中団体には、一族全体を包摂する大宗中があり、そのなかで大小に無数に分派しており、各々の支派にそれぞれ中小の宗中を形成している。2000年現在、大宗中の数は、全国でおおよそ4000ほどあるといわれている。ただし、社会で実際に機能しているのは、その多くが大宗中ではなく、門中あるいは堂内(タンネ)（당내・四代先祖を同じくする父系血族）といった中小の宗中である。

　韓国の法院（裁判所）は、ある裁判例のなかで「宗中」という血族集団のことを次のように捉えている。すなわち、宗中と

第1部　韓国における「近代戸主制」という装置とその終焉

は、同じ先祖から生まれた子孫が共同で先祖祭祀を執り行い、先祖の墳墓を守護すると共に、その子孫たちが相互の親睦と福利を図ることを目的とし、子孫のうちで男子によって構成された宗族団体である（大判2005年7月21日、2002다1178）。この定義でもわかるように、同じ子孫のうちでも娘や孫娘たる女性は、長く宗中の宗員に含まれていなかった。その特徴は、祖先から受け継いできた父系（男系）血統のみを尊重し、母系（女系）血統を排除しているところにある（滋賀1967, 19）。これは、母からではなく父から引き継がれる男系血統こそが生命の本源であり、人の本性を規定するものであるという生命観にもとづいている（滋賀1967, 35）。宗法制の考え方は、そもそも韓国の憲法でいう男女の平等原則とは相容れない。

　もっとも、最近になり、女性に対する人権の尊重や社会の現代化に伴って、娘や嫁などの女性たちもこの団体の構成員と認められるようになりつつある。

　では、宗族や宗中で使われる「宗」の本質とは何であろうか。宗とは、本来、祖先の像や位牌（神主）などを安置して祖先の霊を弔う社を意味していた。その後、同じ父系血統により結びついている同族集団、いわゆる「宗族」をあらわすようにもなった（青木1981, 287）。宗族において人々を直接に結びつけているのは血統である。しかも、父方の血によって構成員をつなげている。いわゆる、男系血統である。このことから「宗」ということばを捉え直せば、それは、同じ始祖から何世代にもわたって男系子孫に受け継がれていく**「血筋」**（핏줄）をその本質としている。

　もちろん、日本の戸主制でも男子の血統にもとづいて戸主相続がなされており、「血筋」によって家の存続を図っている側

第1章　現代韓国の家族の「すがた」と本書の視角

面があった。ところが、日本においては実子のいない商家や同族企業が能力のある奉公人や従業員を養子に迎え、その者に家や企業を継がせることが少なくなかった。これは、血統の存続よりも、家産の維持およびその分散を防止する目的のために家系の継承が機能的に行われているものと見ることができる（青木 1992, 48）。

これに対して、韓国では、宗族にあって先祖祭祀の主宰者たる宗孫の地位はもちろんのこと、韓国経済の主翼を担っている財閥企業体の経営権や大株主の継承も今なお同一の血族内で行われている場合が多い。のみならず、社会主義を標榜している北朝鮮でさえもその指導者の地位は、今なお世襲制にもとづいて継承される（服部 1992, 117-118）。いずれの場合も徹底して男系血統の持続にこだわる。韓国において家族関係だけなく、社会の構成原理そのものが**「血縁主義」**（伊藤 1996, 114）だといわれるのは、この「宗」の観念に由来していることが多いからである。

ところが一方で、行き過ぎた男系血統へのこだわりは、家族や社会に様々な問題を引き起こす。その一例がすでに述べたように、女系血統や女性の地位を著しく劣位に置いていることである。ここである疑問が湧いてくる。それは、家族のあり方において、なぜ、そこまで父系血統が韓国社会で強調されてきたのであろうか、という点である。

この問題が、先ほど述べた伝統文化論と伝統構成論の対立である。前者は、父系血統を尊重しようとする思想は元々からあった韓国の伝統文化だという考え方である。これに対して、最近では、父系血統という「血」の原理の強調は国家によって人為的につくりだされたものであるとの伝統構成論が有力に唱え

第1部　韓国における「近代戸主制」という装置とその終焉

られている。この制度化に一役買ったのが本書のテーマたる「戸主制」である。本書では、この争点に注目しながら、韓国での最新の研究を踏まえつつ「血」の原理が「戸主制」で制度化されていくプロセスを解明することによって、現代に入って伝統的な家族制度がどのように変容しているのかを明らかにする。

(2)　「戸」というキーワード

　一般に国を構成する要素のひとつに「民」（백성）がある。「民」が国の要素であるというのは、近代以降に成立した国家だけに限らない。近世以前の古くから国の成立とその運営は、支配可能な「民」の範囲を確定し、彼（女）らを管理するところから始まる。朝鮮半島で成立した国々もその例外ではなかった。その管理の前提として、国はまず民の数、社会的身分および所在など、民の生活実態を把握する必要があった。その基本データを記録した公簿のひとつが「戸籍」という制度である。朝鮮における伝統的な戸籍は、民に徭役や徴税などを課す行政目的のために、国が民それぞれの家族構成や人員（奴婢を含む）の現況（戸口数）を把握しようとする戸口調査を実施した記録簿だといわれている（崔弘基 1996, 219）。この制度は、古くは三国時代の頃から存在していたとされる。新羅時代や高麗時代には、史料によって戸籍の実態が明らかにされている。こうした朝鮮戸籍の流れは、朝鮮末期に「戸口調査」として施行された戸籍制度にも現れている。これは、1896 年に制定された「戸口調査規則」にもとづいて行われた（이정선 2009, 280）。朝鮮の伝統的な「戸籍」は、親族関係を中心に登録されるのではなく、同居者を中心に編製されるのである。父母や子どもであ

第1章　現代韓国の家族の「すがた」と本書の視角

っても同居しなければ、同一の戸籍に載せられない（이승일 2008, 213）。それぞれ別個の戸籍が編製される。現在の日本式「戸籍」のように、戸主との一定の家族関係を基準として編製する場合とは異なっていた。

　このように伝統的な戸籍でいう「戸」とは、家屋などの生活の場に共に居住している家族員の集団として、行政当局で把握された家族の単位である。当局が戸口調査で住居を同じくし、生活を共にしていると認められる家族の集団をひとつの「戸」と捉えた。いわゆる、住居や生活を同じくする人々の集団たる、日本でいうところの「世帯」に近いことばである。

　その後、植民地時代に日本式の家制度が新たに導入されてからも、朝鮮時代の戸籍の流れは世帯別の住民登録制度へとかたちを変えつつ、現代に受け継がれている。当時、日本式の戸籍が移植されると、それとは別途に寄留制度というものが創設された。人々は本籍地以外に生活の場を定める場合もあることから、90日以上、居住する目的で本籍地以外の場所に住所または居所を定めるときは、その地域に所在する地方の行政機関に備えられている「寄留簿」に登録するようになっていた（寄留令1条）（閔文基 1954, 212）。というのは、人々の生活実態として戸籍における本籍地と居住地とは必ずしも一致しないことから、人々の生活の本拠（居住地）にもとづき、住民管理に重きを置いた登録制度を別途に設ける必要があったからである（김영미 2007, 289）。ただし、戸籍が国民登録の主たる制度であって、寄留制度は単に戸籍における登録管理の不備を補う役割を果たしていたに過ぎない。この寄留制度が今日の住民登録制度の前身であった。植民地の解放後、韓国の建国時は、日本式の戸籍と寄留制度で国民の登録管理を行った。植民地時代の戸籍

と寄留制度をそのまま受け入れたからである。その後、朴正熙(パクチョンヒ)の軍事政権時（62年5月）に従来の寄留制度に代えて、住民管理、徴税および徴兵などの行政目的をより強化するために「住民登録制度」が新たに設けられた（김영미 2007, 316）。韓国の国民登録制度は、これ以降、戸籍制度（2008年以後「家族関係登録制度」に変わる）と住民登録制度の二元的なシステムで運用されていくのである。ある研究者は、このように住民登録には朝鮮時代の伝統的な戸籍の痕跡が残っているという。

(3) 「家」というキーワード

　韓国の民法（家族法）には、「一家の系統を継承する」（旧民778条）とか、「妻は、夫の家に入籍する」〔下線部筆者〕（旧民826条3項）など、「家」についての規定があった（ただし、2008年に戸主制の廃止と共に、「家」ということばが法律上から削除された）。ここで「家」ということばが問題となっている。もちろん、この「家」は、民法で規定された法律用語であって、日常で使われる建物の意味たる家屋を指すのではない。日本の明治期に導入された家(イエ)制度が植民地時代に朝鮮に移植されたものである。ただし、韓国の「家」は、それが移植されて以降、日本の制度とはまったく異質なものへと変化していった。その変化とは、朝鮮の家族制度であった宗法制の根幹をなす父系血統の血族集団の原理を「家」のしくみに接ぎ木しながら、時代の移り変わりと共に今日の韓国社会に適合するように変容してきたものである。

　したがって、「家」ということばは、前で説明した「宗」ということばと融合したために、現代の韓国では両者の区別があいまいになっている。実際、「家」ということばは、韓国の人

第1章　現代韓国の家族の「すがた」と本書の視角

々にとってあまりなじみがない。この概念そのものを知らない人も多い。むしろ、「戸主制」、「戸主」、「집（チプ）」および「집안（チバン）」の方が一般的である。しかも、戸主制の本質とは、父系血統の永続を基にする「宗」という伝統を受け継いだ制度であるとの認識が人々には強い。

ところが、韓国の法学や歴史の専門家は、最近、この制度の核心が「家」制度であることを明らかにしている（양현아 2011：이승일 2008 등）。両者の戸主制に対する認識のズレがどうして生じたのかは、本論で検討する（本書第1部第3章4）。

では、「家」とは何であろうか。これは、戸籍という国民登録簿に共に登録されるべき家族のメンバーと彼（女）らを統率する法的な権限をもった戸主（家長）で構成された法律上の家族団体である（金疇洙 2002, 378-379 参照）。家を構成する家族員の条件は、戸主を中心に彼との血縁関係や婚姻関係などの実質的な基準でもって民法の規定で厳格に定められている。家の構成は、一部に戸主の意思で定まる部分はあるものの、基本的には法律にもとづいて決定されるところにその特徴がある。家が「法律上の家族団体」だといわれる理由がここにある。

したがって、生計を共にしている実際の家族とは一致しない場合がある。同じ家屋に一緒に生活していても、法律で同じ戸籍に登録されるべき人でなければ、「家」の構成員にならない。逆に、これに登録されるべき人と見なされれば、実際の家族と離れていても「家」の一員となる。家とは、家族における現実の生活関係から切り離された、要するに同一の戸籍に登録されるべき人々の集団である。いわゆる戸籍上の家族団体なのである。

このように現代の韓国でいう戸籍の「戸」とは、朝鮮時代の

第1部　韓国における「近代戸主制」という装置とその終焉

それとはまったく異なったことばである。むしろ、今の日本式の戸籍は「家」を反映した登録簿である。朝鮮時代の戸籍との混同を避けるためには、戸籍というよりも「家籍」という呼び方が制度の実質により近い名称である。現に今の戸籍のことを「家籍」と唱える研究者もいる（曺大鉉 1995, 71）。

戸籍という名称は同じでも、両者の内容に質的な変化をもたらしたのは、単に朝鮮に外部から、それもほぼ強制的に日本の制度が導入されたという事情だけではない。近代国家の形成における「国民」（臣民）の創出が新たな国民登録制度を生み出した（이승일 2000, 68）。

ただし、その登録制度の名称は従来から使われてきた「戸籍」ということばを利用しただけである。より正確には、当時、統治国である日本の「戸籍」の名称が植民地朝鮮にそのまま使われたに過ぎない（植民地時代に「民籍」から「戸籍」に移行）。制度そのものは、近代以前のものとは大きく異なっていた。その特徴は、国家の要素である「国民」を把握し、管理するに当って、国家が国民登録と家族制度とを直接に結びつけたところにある。日本の明治国家および大韓民国は、ヨーロッパのような個人を単位として国民を登録・管理しようとしたのではない。「家」という家族単位で国民一人一人を登録・管理しようとした。国家は、予め指定した家族構成の基準を設け、その基準を定めた法令（民法・戸籍法など）にもとづいて家族単位ごとに国民すべてを把握しようとする（홍양희 2005, 168 参照）。これは、実際に共同で生活している家族とは一旦、区別して、国民各人の家族編成を、戸主たる家長を中心に彼と血縁や婚姻などで結びつく一定の人々だけで構成された家族団体に新しく組み替えたのである。

したがって、法律で創出された「家」は、朝鮮において伝統的な戸籍制度で登録・管理された「戸」ではない。かつ、前に述べた「宗族」たる血族集団とイコールでもない。それは植民地時代に新たに人為的につくられた法律上の家族なのである。植民地朝鮮に日本式の「家」制度が移植されたことで、大家族たる「宗族」がそれぞれ小さな核家族へと分化し始める。言い換えれば、日本の家制度の導入は、植民地時代から現代という歴史の過程を通して、いわゆる「近代家族への再編」を促す契機となったのである（岡 2009, 280）。これが戸籍による家制度を設けた意義のひとつであった。

では、実際に日本帝国は、この家制度を使って植民地朝鮮の家族をどのように組み替えようとしたのかが問題になる。このときの制度のかたちが今日の韓国社会に強く影響している。

3 本書の視角

以上、「宗」、「戸」、「家」の三つのキーワードから韓国の家族制度を捉えていくと、それぞれのキーワードの関係は、次のように整理することができよう。「宗」と「戸」ということばから見た家族制度は、いずれも朝鮮に古くからあったもので、血族集団たる「宗」と生活共同体としての家族の単位である「戸」をことばの上で区別することはそれほど難しくはない。問題は、朝鮮に元からなく、植民地時代に日本から持ち込まれた「家」との区別である。ここでは、「戸」との区別から「家」の特徴を見ていくことにする。

両者の区別で重要なのは、朝鮮時代の「戸籍」と現代の「戸籍」とは身分登録制度の名称が同じであっても、すでに検討し

第1部 韓国における「近代戸主制」という装置とその終焉

たようにその登録簿で表される家族団体と制度の性質がまったく異なっている、ということである。「戸」は、実際に暮らしている生活実態としての家族の単位である。その生活実態は時間が経つにつれて変化していく。したがって、行政当局は、ある一定の時期を見計らって戸口調査を実施する。このときに当局で必要とする項目にしたがって民の生活実態を記録したものが、朝鮮で行われていた「戸籍」であった。当局は、定まった期間ごとに記録を更新して得られた最新の戸籍情報にしたがって、徭役や徴税といったその時々の行政目的を遂行していくのである。

　一方、「家」は、家長たる戸主によって管理の及ぶ家の構成と範囲が法令にもとづいて確定されていく家族の単位である。これは、家族の単位が法律によって人為的につくられる点で現実の生活実態に重きを置いている「戸」との違いを見出すことができる。かつ、その特徴は、親子、夫婦および家族の財産など、家族にまつわる権利義務関係すべてが「家」の成立、「家」の運営および「家」の変動といった家制度に結びつけて、その法律関係を把握するしくみを採っていたことである。したがって、重要なことは、家の構成およびそのメンバーの家族関係の変化を常に各戸籍に記録し、その事実を公的に証明する必要があることである（**戸籍の公示・公証機能**）。そうすることにより、人々の家族法上の権利義務関係をある程度、客観的に把握し、人々の権利を保護することにつながる。家族法において身分登録制度が必要な理由がここにある。

　「家」は、このように単に法律にもとづいて身分登録簿上に記載された人々で構成された無機質で、かつ擬制的な家族団体に過ぎない。にもかかわらず、韓国では、祖霊祭祀を核とする

第1章 現代韓国の家族の「すがた」と本書の視角

「宗」のことばと結びつけることにより、あたかも一人の祭祀主宰者たる「戸主」を中心とした宗中団体のような祭祀共同体の性質を帯びる。つまり、「家」は、第二の宗族と化する(**擬似宗族団体**)。そのねらいは、「家」が朝鮮伝来の血族であるかのような伝統的な装いを日本式の家制度に施すことで、この制度が昔から韓国に存在していたという歴史性を帯びさせるところにあった。家制度に歴史性を付与することにより、「家」という観念が日本から移植されたものであるとの事実を希釈させる効果をもたらすのである。

したがって、家制度は、家族にまつわる権利義務関係を規律する法の技術的な側面だけではない。それ以上に、一定の家族モデル(儒教的家族観—韓国)で人々の家族のあり方を律しようとする機能までも有している点にその特徴がある。この点は、日本と韓国で共通した家制度の性質である(二宮 2006, 47-49 参照)。

今日の韓国の家族制度は、このようにこの国固有の制度と日本の植民地時代の制度とが融合したものとなっている。とはいいつつも、異質なそれぞれの制度が区別することができないほどに混淆しており、現地の人々ですら、両者を分けて認識していないのが実状である。問題は、この国の家族制度において固有のものと日本のものとがどのように結合していったのか、という点である。

本書は、この点について日本の明治期のそれとよく比較しながら説明している。日本の読者には、時代のズレに少し違和感を感じるかもしれない。現在の家族制度を述べるのに、なぜ、日本の過去の制度を持ち出して現代韓国のそれと比べるのか、という素朴な問いかけである。そこには、今まで政治問題とし

第1部　韓国における「近代戸主制」という装置とその終焉

て懸案になっていた「歴史認識」で争われてきた両国の独特な関係の一端が表れている。

　韓国では、2008年にようやくにして日本式の家制度が廃止された。この制度は、植民地時代に朝鮮半島に導入されて以来、現在まで実に長きにわたって韓国の家族制度を成り立たせてきた。日本では第二次大戦の終了と共に、朝鮮半島に対する植民地支配も終わった。戦後、日本では新憲法の制定により、民主化と男女平等の理念にもとづいて民法が改正されることで家制度は全面的に廃止された。日本では、戦後、間もない時期に明治時代の遺制が清算され、新しい家族制度がスタートした。

　これとは対照的に、韓国では、植民地期のみならず、戦後も日本式の家制度が持続したのである。1958年の民法制定時には、家制度（戸主制）の導入に反対する一部の人々はいたが、家族伝統を守護するという名目の下にこの制度を強化したかたちで家制度が維持された。家族制度を見ただけでも、韓国では植民地時代の遺制を清算することは容易ではなかった。家族制度をめぐる過去への清算は、日韓において次のような認識のズレをもたらした。すなわち、日本において家制度は、遠く過ぎた「過去」の問題に止まる（ただし、戸籍制度が廃止されなかったことによる諸問題は今もある〔夫婦別姓や婚外子差別の問題など〕）。

　ところが、韓国での家制度は、つい最近まで人々の家族制度として機能していた現代の「遺物」である。韓国のフェミニズム研究者は、韓国の女性の多くが日本式の家制度で二重の苦しみを受けてきたと指摘する。マクロ的には、戦後、建国時にその為政者たち（主に男性）が日本式の家制度を再利用し、さらに儒教的な家族伝統をこの制度の理念に盛り込むことで軍事政

第1章　現代韓国の家族の「すがた」と本書の視角

権をはじめとした独裁体制を正統化したことである（**男性支配の政治社会体制**）。ミクロ的には、この家制度が全国に無数に存在する「家」の家長たる戸主（父・夫）一人に家の統率権を法的に与えることで、個々の母、妻および娘への家族的支配を可能にさせたことである（**家制度による性的支配**）。韓国の女性の多くは、大きくは政治社会体制から疎外され、ミニマムには個々の家からも長く疎外され続けてきた。

したがって、植民地時代から持続した日本式の家制度が2008年に廃止されたことは、韓国社会において大きな意味をもっている。それは、単に植民地遺制という過去が清算されただけではない。過去と現在を強く結びつけてきた家族制度の楔（くさび）が断ち切られることにより、女性たちが「今」になってようやく家族からだけでなく、社会や政治からも「男性支配」から解放され始めたのである。1987年から1992年にかけて軍事政権が終焉することで政治のみならず、韓国社会への民主化の作業がいよいよ家族制度にまで浸透した結果でもある。いわゆる、「**家族の民主化**」である。2005年に国会で家制度の廃止を決定したことは、建国時に持ち込まれた負の遺産のひとつが韓国社会でついに清算されたことを示した。

しかしながら、日本式の家制度の廃止は、韓国の女性たちにはそれほど楽観的なことではない。これが廃止に至ったのは、必ずしも彼女たちを中心としたフェミニズム運動の成果だけではなかった。むしろ、世界経済のグローバル化の波により、人々の家族を取り巻く社会環境が目まぐるしく変動するなかでは、従来の家制度を核とした父系血族のかたちをもはや維持することができなくなったというのが実際の姿である。というのは、「家」という画一化した家族モデルを法律で強制しようとする

第1部　韓国における「近代戸主制」という装置とその終焉

家制度は、今日、家族形態の急激な変化に対応しきれず、むしろ「家」以外の家族形態を認めないなど、法的な足かせにもなっているからである。こうした経済のグローバル化の影響に最も脆弱な存在のひとつが個々の「家族」である。家族をめぐる貧困問題は、その典型的な例である。子どもの貧困、若者の失業者の急増。とりわけ、一人暮らしの高齢者の増加と共に、その貧困が大きな社会問題になっている。刻々と変化する経済条件や社会環境を敏感にまで甘受しやすいそれぞれの家族は、自らの生活や生命を維持するために、その影響に対応できるように家族のかたち（形態）を変えていく。あるいは、目まぐるしく移り変わっていく社会のスピードに追いつけないまま、まるで猫の目のようにそのかたちを変えていかざるを得ないなかで人々は生きている。その一面が、一人暮らし世帯の増加、晩婚化、少子化、離婚およびひとり親家族の増加といった家族の現象である。家制度の廃止以降、韓国の現代家族の多くはその行くべき方向（ビジョン）を見失ったまま、迷走している。

したがって、国家は、家制度を通してそれぞれの家族を一方的に規制することから、行き場を失っている家族にいかなる支援を必要としているのか、その新たなしくみの構築が求められている。現在、韓国は、家族に対する「規制」から家族への「支援」へとその政策の転換を迫られている。

なお、日本では、2016年現在、明治期の家制度が廃止されてからほぼ69年が経過する。ただし、戸籍制度だけは、廃止されずに身分登録制度として維持されている。最近、戸籍制度について日本でも家族の多様化に対応することができないなどの問題点が指摘されており、個人を単位とする身分登録制度の導入が強く主張されている（二宮 1993, 78）。その際、2008年

第1章　現代韓国の家族の「すがた」と本書の視角

に家制度を廃止すると共に、戸籍制度までも撤廃して個人単位で身分登録をする「家族関係登録制」が新設された韓国の動きは、日本の家族制度改革に示唆を与えるものとして注目されている（二宮 2006, 56-57）。

とりわけ、戦後、韓国では、すでに見たように日本とは対照的に家制度と戸籍制度を中心とした戸主制が維持されることで、父系血統による儒教的な家族観を家族のモデルとした。当初、韓国の家族法は、日本よりも保守的な色彩が強かった。植民地時代の家族制度が、今までほぼ100年以上もの長きにわたって続いてきたのである。一旦、制度として確立した家族のシステムは、個々の家族だけでなく、社会構造にも影響を与えることから、その改革は容易ではない。仮に、家制度を撤廃するに当っても、日本のように身分登録制度としては戸籍制度を存続させる方法があり得たであろう。にもかかわらず、韓国は、その方法を採らずに果敢に戸籍制度までも廃止させたのである。この本では、戦後、日本の明治期の家制度を積極的に保持し、日本以上に保守的な姿勢を採ってきた韓国が、2005年にどのようにして家族制度の改革を急進的に断行することができたのか、という視点からも韓国の戸主制について分析を試みたい。

本書は、以上のような韓国の家族をめぐる問題状況を踏まえて、「法律」という観点から日本の植民地時代に近代戸主制が導入されてから、それが終焉に至るまでの変遷過程を解明することで、韓国の家族が「今」どのようになっているのか、何が問題となっているのかを探るところにその目的がある。日本を含めて多くの国々では、家族のしくみが主に法律という形式で形づくられている。韓国もその例外ではない。夫婦の関係、親子の関係および相続など、家族の人間関係や財産関係は、日本

第1部　韓国における「近代戸主制」という装置とその終焉

や韓国などでは「民法」という法律で規律されている。多くの法学研究者は、民法のなかでも特に家族について定めた法律の総体を「家族法」と呼んでいる。本書では、主に韓国の法律から見た現代韓国の家族のすがたを探ろうとするものである。

　この本では、とりわけ家族のしくみが家族法として形づくられていく過程（立法過程）、および家族の意識や社会の変化に伴って、家族法が改正されていく過程（改正過程）も取り上げる。さらに、韓国社会でより具体的な動きを見るために、裁判例にも注目する。というのは、裁判で家族のもめごと（争い・訴訟）がどのような法律の基準や根拠で解決されていったのかを検討することによって、韓国社会の深層にある家族問題を炙り出すことが可能になるからである。

　それでは、今から本書の主題である戸主制の本体をまず紐解いていくことにしよう。

第2章　韓国の戸主制

1　韓国の民法改正と戸主制の廃止

　去る 2005 年 3 月 2 日に韓国の国会は、戸主制の全面的な廃止を主な内容とした民法の改正案を成立させた。今回の改正で重要なところは、戸主制の廃止に伴って、日本の植民地時代に導入された戸籍制度も廃止することになった点である。戸主制と戸籍制度をセットで廃止することにより、日本式の「家制度」そのものを撤廃させたかったからである。この点が、戦後、家制度は廃止されたものの、戸籍制度を維持した日本の場合と大きく異なるところである。韓国では、戸籍に代えて新たに「家族関係の登録等に関する法律」による「家族関係登録簿」を設けた（法律 8435 号、2007 年 5 月 17 日制定、翌 08 年 1 月 1 日施行）。ただし、戸主制は、2005 年 3 月に直ちに廃止されなかった。新たな身分登録制度の立ち上げの準備とその実施に合わせて 2008 年 1 月 1 日に完全になくなった。

　戸籍は、従来、戸主を中心とした家族によって構成される「家」単位で作成された。これに対して、新登録制度の特徴は、「家」が解体され、個人単位でつくられている点である。家族関係登録簿は、個人が登録の基点となり、各個人の人的基本事項（姓名、本貫、性別、生年月日など）と民法上の家族関係の発生およびその移り変わり（出生、認知、婚姻、離婚、養子および死亡など）を公に示す身分変動事項を電子情報として記録した

第1部　韓国における「近代戸主制」という装置とその終焉

電子登録簿である（家9条）（법원행정처 2007a, 7）。民法上の家族関係の変動を公示する機能を備えているところは、従来の戸籍制度の役割を引き継いでいる。

　家族関係登録簿のもうひとつの特徴は、登録簿に記載された情報に対するプライバシーの保護が図られているところである。戸籍制度は、一戸籍に家族全員の情報が網羅されている。日本でも家族全員の戸籍情報がほぼすべて他人に見られてしまう方式（家族単位の登録方式）にこの制度の課題が指摘されていた。今回の韓国の登録制度では個人単位となったことで、戸籍のように本人以外の家族の個人情報が開示されることがなくなった。また、個人別に細分化された登録情報も、その開示や各証明の目的に応じて限定して外部に明らかにするやり方を採っている（個人の基本証明、家族関係証明、婚姻証明、養子縁組証明など）（법원행정처 2007b, 6）（図4・図5）。個人情報保護の観点からは、新登録制度は戸籍制度のときよりも身分登録上の情報への取扱いが大幅に改善されたといえよう。こうした制度の変化は、韓国社会にいかなる意味をもたらしたのだろうか。

　戸籍制度は、後で検討するように明治期の日本のみならず、韓国でも「家」制度がその根幹をなしていた。したがって、家族関係登録簿の成立は、単に身分登録制度が変化したことだけを意味しない。長期にわたって韓国の家族たちに影響を与え続けた「家」制度自体を消滅させることで歴史的な区切りをつけ、夫婦や子どもを中心とした新たな家族制度がスタートしたことを意義づけたのである。

　さらに、性差別の観点から戸主制の問題性が指摘された。この制度の導入については、民法の制定当時（1958年）から女性団体を中心に批判が多かった。戸主制は、すでに述べたように

図4　基本証明書

登録基準地	ソウル特別市永登浦区汝牟島洞1番地の1234
区分	詳細内容
作成	【家族関係登録簿作成日】2008年01月01日 【作成事由】家族関係の登録等に関する法律付則第3条第1項
変更	【変更日】2008年01月03日 【前登録基準地】ソウル特別市冠岳区奉天洞100番地の3 【担当官署】ソウル特別市永登浦区

区分	氏名	生年月日	住民登録番号	性別	本
本人	김본인(金本人)	1965年01月01日	650101-1234567	男	金海

一般登録事項

区分	詳細内容
出生	【出生の場所】ソウル特別市中区明洞1234番地 【届出日】1968年02月15日 【届出人】父
国籍回復	【国籍の回復許可日】1975年01月02日 【国籍回復前の国籍】米国 【届出日】1975年01月03日 【届出人】김일남 【送付日】1975年01月03日 【送付者】ソウル特別市冠岳区庁長
改名	【改名許可日】1976年02月02日 【許可法院】ソウル家庭法院 【届出日】1976年02月05日 【届出人】김일남 【改名前の名前】철수 【改名後の名前】본인
訂正	【職権訂正書作成日】2008年03月01日 【訂正日】2008年03月01日 【訂正前の住民登録番号】650101-1234578 【訂正後の住民登録番号】650101-1234567 【担当官署】ソウル特別市永登浦区

上記の基本証明書は、家族関係登録簿の記録事項と相違ないことを証明します。
　　　　　　　　　　　　　　　　　　　　　　年　　　月　　　日

　　　　　　　　○○市（邑・面）長　　○　　○○　職印

(出典) 법원행정처 (2007b) 6-7면、申榮鎬ほか (2009) 24頁参照。

父系血統の中心存在であり、かつ家長たる「戸主」が家族のメンバーを統率し、その地位を原則として直系卑属男子（特に、長男）に引き継がせるものである。母系血統があまり考慮されずに、母、妻および娘らの女性の法的地位が父、夫や息子のそれよりも低く位置づけられてきたことから、男女平等を定めた

第1部　韓国における「近代戸主制」という装置とその終焉

図5　家族関係証明書

登録基準値	ソウル特別市永登浦区汝矣島洞1番地の1234

区分	氏名	生年月日	住民登録番号	性別	本
本人	김본인(金本人)	1965年01月01日	650101-1234567	男	金海

家族事項

区分	氏名	生年月日	住民登録番号	性別	本
父	김일남(金一男)	1941年02月01日	410201-1555555	男	金海
母	이일녀(李一女)	1938年03月01日	380301-2333333	女	全州
養父	김양부(金養父)	1940年04月01日	400401-1333333	男	金海
養母	이양모(李養母)	1942年04月02日	420402-2222222	女	全州
配偶者	박여인(朴女人)	1968年02月02日	680202-2345678	女	密陽

区分	氏名	生年月日	住民登録番号	性別	本
子	정이군(鄭二君)	1973年11月20日	731120-1234566	男	全州
子	김일순(金一順)	1990年01月01日	900101-2777777	女	金海
子	김순희(金順喜) 死亡	1995年11月11日	951111-2888888	女	金海
子	김상준(金上樽)	1999年05月08日	990508-1325656	男	金海

上記の家族関係証明書は、家族関係登録簿の記録事項と相違ないことを証明します。

　　　　　　　　　　　　　　　　　　　　　　　　　年　　月　　日

　　　　　　　　　○○市（邑・面）長　　○　　○○　職印

(出典)법원행정처(2007b) 39면、申榮鎬ほか(2009) 22頁参照。

憲法の原則（憲11条、36条1項）に反するおそれがあったからである。

　日本に比べると、戸籍の廃止を含め、急進的ともいえる戸主制の撤廃を可能にさせた要因とは、一体、何であろうか。そのひとつは、韓国で初めて手続的な民主主義の原則に則って、大統領の直接選挙で保守派からリベラル派の候補者（金泳三、金

第2章 韓国の戸主制

大中(デジュン)など)に政権交代が平和裏に行われたことである。彼らが政権を獲得したことにより、女性団体を含めリベラル派の政策を実現することができる政治的な推進力は飛躍的に高まった。特に、女性の法的地位の向上など、ジェンダー問題の解決に積極的に乗り出した盧武鉉(ノムヒョン)政権(参与政府)は、戸主制の撤廃を大統領選の選挙公約に掲げて、それを可能にさせた。彼が大統領に就任した後、直ちに政府主導で政府関係機関(法務部、女性部など)と市民団体との官民共同で「戸主制廃止特別企画団」を組織し、活動を展開した(여성부 2005, 12)。このときに話題を集めたのは、民法改正案の立案を直接に担当する法務部長官に韓国では初めて女性が抜擢されたことである。戸主制の廃止を含めた女性保護政策に対する政府の積極的な姿勢を内外に示した。この制度をめぐっては、今まで国会で紆余曲折を経てなかなか廃止させることができなかった。盧政権は、こうした状況を打開するために2004年6月に民法改正案を改めて国会に提出した。国会ではこの法案について本格的な審議が行われた。その結果、この法案は、翌2005年3月2日に国会の本会議に出席した国会議員235名のうち、賛成161名、反対58名および棄権16名で可決・成立した(**一院制の議会**)。

また、もうひとつの要因としては、同じ年の2005年2月に憲法裁判所で戸主制に対する憲法不合致という事実上の違憲決定を下したことが民法改正へのさらなる追い風となったことである。1987年の民主化後、同じ年に憲法が改正されてドイツの憲法裁判所型の法律違憲審査制度が導入された。発足以降、憲法裁判所の活動については、立法府や行政府といった政治過程に対して憲法の規範統制を積極的に行っており、国民の人権保障に一定の役割を果たしているといわれている(**司法積極主**

37

義）。今回の決定でも戸主制の違憲だけでなく、戸籍制度の廃止までも立法府に命じたところに違憲判断の積極性を読み取ることができる（憲決2005年2月3日、2001헌가9 외）。

現地のメディアは、今回の戸主制の廃止について次のように報道した。国会で民法改正案が成立したことにより「半世紀にわたって性差別の象徴であった戸主制が歴史の裏側に消えていった」（国民日報2005年3月3日付、4）。戸主制の廃止は、韓国の家族制度において一大変革をもたらしたといわれている。

2 韓国の民法典と戸主制

では、そもそも戸主制は、韓国の民法典のなかでどのように規定され、家族法の諸規定においていかに位置づけられたのであろうか。

民法典は、韓国の建国後（1948年8月15日）、10年近く経過した1958年2月22日に制定され、1960年1月1日より施行されている（法律471号）。この法典は、母法である日本民法のそれにとても類似している。大きくは、財産編（第一編から第三編）と親族・相続編（第四編、第五編）とに分けられる。韓国でも一般的に後者の親族・相続編を指して「家族法」と呼んでいる（以下、「民法」または「家族法」という）。韓国においては、西欧の近代民法が、主に日本の植民地時代に日本民法を通して間接的に移植された。植民地からの解放後、韓国民法典が成立したときも、法律の体系的なかたちや個々の規定の多くは日本民法を模範としてつくられた。この日韓民法の酷似ぶりは、韓国の民法学界で「韓国民法学は『まず、日本法学の亡霊から解放されなくてはならない』」（金曽漢談）といわれるほどであ

った(梁彰洙 2006, 143)。

　家族法のうち、親族規定についての基本構造は、つぎのとおりである。第四編の親族編は、第三章の「婚姻」で男女が夫婦としての関係を定めたルールを規定し、第四章の「父母及び子」では、親子関係についてのルールを定めている。韓国の家族法は、主に一人の夫と一人の妻、そしてその二人の間に生まれた子どもを家族の基本単位としてその法律関係を規定している。いわゆる**「個人主義的な家族」**(韓国では「民主的家族」といわれる)が想定されている(内田 2004, 7参照)。これは、この国の憲法で婚姻および家族生活が個人の尊厳と両性の平等にもとづいて成立し、維持すべきことを定めているからである(憲36条1項)。

　ところが他方で、第一章の「総則」では、基本単位である家族を取り囲みながらこれと血のつながりのある人々の集団たる「親族」について一般的な規定を定めている(**血縁家族**)。さらに、特徴的なことは、「家族」や「親族」に加えて、国民登録制度である「戸籍」に登録された家族と彼(女)らを統率する「戸主」で構成された戸主制を設けていることである(**国家主義的な家族**)。それが第二章「戸主及び家族」と第八章「戸主承継」などの一連の規定である。

　韓国の家族法は、このようにそれぞれの考え方が異なった家族ルールが複合的に混在している。しかも、戸主制は、戸主が家族を法的に支配するところにその特質がある。これが今まで家族法の柱に位置づけられていたことから、婚姻、親子などの家族関係において母、妻および娘などの女性や子どもの権利が、戸主の権限で様々に制約されてきた。2005年の改正で戸主制が廃止されたことは、単に戸主制の規定が民法典から全面的に

削除されただけではなかった。本来の個人主義的な家族ルールを改めて親族法の根幹にすることで、女性や子どもたちの権利を回復させるところにその改正の目的があったとされる（대한민국 정부 2004）。

もっとも、戸主制が廃止されたとはいえ、この改正で伝統的な家族制度がすべてなくなったわけではない。儒教的な血縁家族を基にした「家族」の範囲（改民779条1項）や伝統的な姓の制度である「姓と本」のルール（改民781条1項）などは、そのまま維持された。本書では、2005年の改正以降、伝統的な家族制度がどのように変化しようとしているのかにも焦点を当てているので、とりわけこの部分にも注目する。

このように、家族法の中核をなしていた「戸主制」ではあるが、それは具体的にいかなる制度であったのか、その中身について次に見ていくことにする。

3 韓国の戸主制とは？

(1) 日本との違い

現在、韓国でいわれている戸主制とは、日本の明治期に導入された家制度がその基礎となって植民地時代に朝鮮に移植されたものである。ただし、韓国のそれは、日本の制度とは必ずしも同じではない。まず手続法上の戸籍制度のしくみからであるが、韓国は日本のそれをほぼそのまま受け継いでいる。主なものとしては次のとおりである。

① 身分登録制度としての機能である。これは、各国民の人的な基礎情報を登録すると共に、その人の家族に関する権利関係（出生、認知、養子、婚姻、離婚および死亡など）を公的に証

明する機能である（**戸籍の公証機能**）。

② 身分登録の方式は、個人単位ではなく、「家」という家族単位である。一戸籍のなかに、戸主をはじめ家族全員の人的基礎事項と身分変動事項に関する情報がすべて網羅されている。

③ 国民登録制度としての機能である。これは、国民国家としてその中核たる「国民」の範囲を確定し、すべての国民が登録すべき対象となり、彼（女）らが国籍を有することを明らかにする機能である（曺大鉉 1995, 74-78）。

これに対して、実体法上の戸主制のシステムは、両国で大きな違いがある。日本のそれは**家督相続**を中核としている。戸主たる地位とその財産は、家督相続人一人に引き継がれる単独相続制を採っていた（利谷 1971, 75）。一方、韓国の戸主制は、まず戸主相続と財産相続とに分けて捉えられている。さらに、韓国では、現代の日本であまりなじみのない**「祭祀相続」**がある。これは、第1章で見たように中国の宗法制に由来しており、先祖祭祀を司る主宰者の地位が受け継がれる制度である。

その後、日本の植民地時代に日本式の戸主制が導入されるに伴って、戸主制と朝鮮の宗法制とが結びつくことで、戸主相続に祭祀相続の観念が組み込まれた。その結果、韓国では、戸主の重要な役割が先祖祭祀を執り行うことであると考えられるようになった。

したがって、戸主相続の核心は、祭祀主宰者の地位を継承させるところにある。今日の韓国社会でも戸主相続は、家督を相続することではなく、先祖祭祀を継承することであるとの観念が根強い。それは、家の維持よりも、父系血統が後世にわたっても絶えることなく連続していくことに重きが置かれている。いわば**「男系血統の永続性」**にその目的がある（青木 1992, 48）。

第 1 部　韓国における「近代戸主制」という装置とその終焉

　また、財産相続については、韓国では古くから均分相続が行われており、男子（息子）だけでなく、女子（娘）についてもその権利が認められていた。朝鮮時代には、父の財産は同じ父系血統の血を引いている兄弟姉妹で受け継いでいく「分財」という観念があった。これは、相続だけでなく、生前贈与も含まれたことばである。父が死んだ後も「分財」という観念にもとづいて娘にも父の財産が受け継がれていた（홍양희 2006, 119）。その後、日本の植民地時代には、旧来の慣習を重視する立場から女子にも財産相続を認めてはいた。ただし、家族の権利関係は、血統よりも、戸籍を基準として決定されていた。娘が嫁ぐなど、ほかの家に転籍した場合は、その相続資格を失う。というのは、財産相続は、同じ戸籍内の血族に限られていたからである（李相旭 1990, 85）。戦後、韓国が建国されて以降、民法制定時は、女子にも財産相続権が認められ、女子の相続分は男子相続分の 2 分の 1 であり、婚姻などで父の戸籍から除籍された場合は、男子相続分の 4 分の 1 となっていた（旧民 1009 条 1 項但書、同 2 項）。女子にも相続権が認められているとはいえ、男子に有利な財産相続の制度になっていた。

　しかし、両性の平等が特に強調される今日では、男女の区別なく、同じ相続順位であれば、同じ割合の相続分が女子にも与えられるようになった（改民 1009 条 1 項）。いずれにしても、韓国では古くから女子にも財産相続が認められていたことは特筆すべきことである。

　韓国の相続制度では、このように戸主の地位は戸主相続人に受け継がれるが、その財産は共同相続人の間でそれぞれに分割相続される。この点は日本の家督相続と大きく異なるところであった（青木 1992, 47）。韓国の戸主制が日本から導入されたと

はいえ、韓国の本来の慣習や制度などでその国の固有なものへとそれが変化している。

(2) 制度の核をなす「家制度」

では、韓国の戸主制とは具体的にどのような制度なのであろうか。韓国の家族法では、戸主制について直接に定義した規定がない。形式的には、すでに述べたように民法第四編第二章「戸主及び家族」と同編第八章「戸主承継」に定められたルールがそれぞれに結びついて出来上がった制度である。この制度は、一般的につぎのように説明される。すなわち、戸主制とは、戸主（家長）が「戸籍」という国民登録簿に登録されるべき家族のメンバーを統率することができる法的なしくみである（金疇洙1993, 65 참조）。この定義で示された家族とは、戸主を含め「戸籍」に記載されるべきメンバーで構成された団体である。この団体を韓国の民法では「家」という。たとえば、「子は、父の姓及び本にしたがい、父の家に入籍する」（旧民781条1項）など、韓国民法の各規定で明記された「家」ということばである〔下線部筆者〕。日本の明治期に機能していた「家制度」で語られた、あの「家」である。

それゆえに、ここでいう「家」は、実際に生活を営んでいる家族とは必ずしも一致しない。韓国戸籍のひな型で示されたように、一人の戸主とその戸主の監護を受けるべき家族が、ひとつの戸籍に一括して登録され、各人の出生、婚姻、養子縁組、認知、戸主承継および死亡など、家族関係の変動事項も記録されるようになっている（図6-1, 6-2）。戸籍に登録されるべき人々だけが、「家」のメンバーとして構成される。すでに述べたが、家は、各構成員の生活実態が必ずしも反映されているとは

図 6-1　韓国の戸籍のひな型

本　籍	ソウル特別	道　　　市 市　錘路区 　　　　郡	昌信洞 15 番地 1 号		No.1
○○○○年　○月○○日、○○○　戸主承継、○○○○年　○月○○日、○○○届出、 ○○○○年　○月○○日　編製（印）					

前戸主との 関係		洪文漢の養子			前 戸 主	大田広域市中区大興洞 115
父	洪大漢	性 別	男	本		戸主　洪大漢
母	李玉女			南　陽	入　籍 または 新戸籍	
戸　主		養　父	洪文漢		出　生	西紀 1938 年 2 月 2 日
		養　母	崔貴淑			
		洪 吉 童			住民登録 番　　号	380202-1405820（印）
大田広域市中区大興洞 115 番地で出生、1938 年 5 月 3 日父届出（印）						
○○○○年○月○○日　洪文漢の養子として養子縁組届出（印）						
○○○○年○月○○日　金恩淑と婚姻届出（印）						
○○○○年○月○○日　金恩淑と協議離婚届出（印）						
○○○○年○月○○日　前戸主の死亡により戸主承継、○○○○年○月○○日届出（印）						

（筆者作成）

注）　本書では、便宜上、戸籍を図 6-1 と 6-2 に区分して表示しているが、実際は、両者のひな形をあわせて一つの戸籍を構成している。
資料）　法院行政處『戸籍實務資料集』（1991）39-40 頁参照。

限らない。戸籍に登録されるべき人であれば、実際の家族と離れて生活をしている人も「家」の一員になれるからである。つまり、家とは、いわゆる生活実態を伴わない戸籍上の観念的な家族団体なのである。

戸籍は、別のいい方をすると、以下で見られるように「家

図 6-2 　韓国の戸籍のひな型

父	金顕徹	性別	女	本	金海	前戸主	清州市上堂区龍岩洞 1450 番地
母	李明子						戸主　金顕徹
妻	金恩淑					入籍または新戸籍	清州市上堂区龍岩洞 1450 番地
							戸主　金顕徹
						出生	西紀 1942 年 10 月 5 日
						住民登録番号	421005-2880440（印）
清州市上堂区龍岩洞 1450 番地で出生、1942 年 10 月 14 日父届出（印）							
〇〇〇〇年〇月〇〇日　洪吉童と婚姻届出（印）							
〇〇〇〇年〇月〇〇日　洪吉童と協議離婚届出（印）							

父	洪吉童	性別	男	本	南陽	前戸主	――――――――
母	金恩淑						
子	甲　男					入籍または新戸籍	
						出生	西紀 1967 年 4 月 1 日
						住民登録番号	670401-1234789（印）
ソウル特別市鍾路区昌信洞 15 番地 1 号で出生、1967 年 4 月 17 日父届出（印）							

籍」とも呼ばれる。大韓民国の国民であれば、だれであれ、いずれかの「家」に所属しなければならない。国民が戸主または家族のメンバーとしてどの家に入るべきなのか、その家の所属を示したのが「家籍」である（曺大鉉 1995, 71）。各自の家籍は、民法の規定にもとづいて厳格に決定される。そこには、戸主になるべき者とその家族になる者を定め、戸主を「家」の中心に置くことで戸主制の基本型をなす（旧民 778 条、779 条）。そして、夫婦、婚内子（嫡出子）および養子などの家籍を定め（旧

民781条、783条)、婚姻、離婚、認知および養子縁組など、個人の家族関係の変化にもとづいて、夫の家に入籍したり、元の家に戻ったりするなど、その家籍も変更するルールになっている（旧民826条3項、787条1項など）。

このように民法の規定にしたがって、国民一人一人の家籍が決定され、その家籍にもとづいて同じ家に所属すべき戸主と家族のメンバーに対して、ひとつの戸籍を編製することになっている（戸8条）。一家に一戸籍が充てられる。その意味で家籍と戸籍は、ほぼイコールで結びつけることができる。法律上の両者の関係は、家の所属およびその変動などの本則を定めた実体法が民法（家族法）であり、その本則にしたがって戸籍の編製など、戸籍の手続を定めた手続法が戸籍法である（利谷1971, 60-61参照）。

以上のように韓国の戸主制を見ていくと、ここでいう「家」とは、要するに家籍（戸籍）に表象された家族の団体である。その特徴は、戸主が基点となっていることである（**戸主中心主義**）。家の構成員は、戸主を中心に彼と夫婦関係および親子などの血縁関係で結びつけられた人々である。しかも、各メンバーの所属は、本人の意思にかかわりなく、戸主の意思や法律で一方的に定まってしまう。女性団体からは、本人の願わない家に所属することを法律で強制されることに対して異論が唱えられた。1990年の民法改正では、当事者の意思をある程度、考慮するようになり、その法的な強制力が多少緩和された。が、その後も母子家庭の子どもや再婚した母の連れ子などは、前夫の家への所属を強制される。というのは、家の所属において子は、原則として母ではなく、父との結びつきでそれが決定されるからである。1990年の民法改正後もなお父系中心の「家」

という法的な枠組みは残されていた。この問題が2005年の戸主制廃止へとつながっていくのである。

　それでは、これから戸主制のしくみを具体的に見ていくことにする。この制度の基本的な要素としては、まず「家」の構成があり、次にその中心存在である「戸主」の権限がある。さらに戸主の地位が永代にわたって継承される戸主承継の制度がある。以下では、この三つの内容についてそれぞれを見ていくことにする。

4　家の構成

(1) 「戸主」の担い手

　まず、家の中心人物である「戸主」であるが、彼は一家の系統を継承し、その家を統率する法的権限をもった者である。そのほかに、分家した者、何らかの事情で既存の家に所属することができず新たに家を創立した者および廃家した家を復興した者にも戸主の地位が与えられる（旧民778条）。ここで「一家の系統を継承」したとは、数代にわたって戸主たる地位が受け継がれてきたことを意味する。ただし、韓国では単に戸主の地位を引き継ぐことだけを意味しない。それ以上に父系血統による血縁家族の血筋を継承したことがとりわけ強調されることは、先ほど述べたとおりである。

　なお、男子に戸主の担い手がいない場合、女子がその地位を引き継ぐことがある（旧民984条）。いわゆる、**女戸主の存在**である。韓国にも女戸主と婚姻した男子が妻の家に入籍する入夫婚姻の制度や娘婿として養子の縁組を行う婿養子制度があった（旧民826条3項但書〔2008年改正で廃止〕、876条〔1990年改正で

廃止〕)。植民地時代の日本式家制度の名残りで、宗法制が貫徹されていないところである。毎年30万件ほどの婚姻届出件数のうち、2008年に戸主制が廃止されるまでの間に入夫婚姻をした数は、全国で2004年に64人、05年に75人、06年に99人そして07年に110人であった(司法年鑑)。ただ、女戸主の地位は、戸主を継承すべき男子が現れるまでの暫定的な立場に過ぎない(旧民792条、1990年改正で廃止)。男子の不在による家の断絶を避けて、その存続を図るために一時的に女性がその地位を担うのである。女戸主の存在は、男子による戸主承継を補完する役割がある。父系血統主義の大いなる例外である。

また、**婿養子の制度**は、本来、家に戸主を継承すべき男子がいない場合、娘婿を養子にすることで戸主承継の担い手を予め確保する目的で設けられた植民地時代の制度である。それが戦後、民法制定時に改めて導入されたのである。ところが、この民法には、戸主を継承するには養子が同じ父系血族でなければならないという異姓不養の原則があることから(旧民877条2項)、婿は養子になりえても戸主を承継することはできなかった(青木2016, 46)。日本式の家制度と韓国に元々あった宗法制とが制度的にうまくかみ合っていないところである。

(2) 「家」のメンバーと肥大化の問題

一方、子は、法律上の婚姻関係にある父母の間から生まれた婚内子(韓国では「親生子」という)の場合、必ず父の家(戸籍)に入籍する(旧民781条1項)。父の知れない婚外子——父が不明な場合、または父がわかっていても彼が子を認知しない場合——は、母の家(戸籍)に入籍する(同条2項)。ただし、後で父が見つかったり、父が認知をした場合、婚外子は母や子

の意思にかかわりなく父の家（戸籍）への入籍が強制される（金疇洙1993, 331）。女性は婚姻すると、夫が入夫婚姻でもしない限り、法律上、当然に夫の家（戸籍）に入籍することを強いられる（旧民826条3項）。男性は、この入夫婚姻の場合を除き、家（戸籍）の所属に変わりがない。ただし、次男などが婚姻によって分家した場合は、新たな「家」が生じるので新しい戸籍がつくられる（旧民788条、789条、戸19条の2）。

以上が戸主制における「家」の基本構成である。つまり、戸主以外の家族は、まず戸主の配偶者（妻）、血族（戸主の母、子および孫）および息子や孫の配偶者（嫁）である。戸主に認知された婚外子および養子など、同じ家に入籍すべき者も同一の家族の一員となる（旧民779条）。

韓国の民法で想定されている家族は、このように戸主夫婦を中心に息子夫婦および孫夫婦で構成された三世代であった。ただし、韓国の戸主制には、日本の旧民法のように戸主が生存中にその地位を子どもなどに引き継がせる「隠居」という制度がない（日旧民752条）。それゆえ、戸主という地位は、原則として本人が死亡するまでその立場に留まる（旧民980条1号）。戸主が長寿であれば、4世代あるいは5世代が同じ「家」を構成することも稀ではなかったようである。1990年の民法改正までは、戸主の長男は当然に戸主の承継者として同じ家に留まることが運命づけられていた（旧民790条）。それ以外の次男や三男などは婚姻をした場合であっても、従来は、戸主による分家の意思がなければ、戸主の家に留まることになっていた。

1960年代の社会調査によると、一戸籍上の家族の数は、全国平均で9人から14人程度であった。なかには同一の戸籍に25人や30人が登録されている事例も報告されている。これに

第1部　韓国における「近代戸主制」という装置とその終焉

対して、当時、実際に生計を共にする一世帯当たりの平均的な家族の数は、5人か6人ほどであった（金疇洙1962, 41）。ある研究者は、家族法上の家の構成と実際の家族（世帯）の人数に著しい差があることをたびたび指摘する。この時、すでに社会の都市化が進み、親と子だけの核家族を中心とした二世代家族が増え始めたころであった。ひとつの要因は、次男以下の息子が婚姻した場合でも戸主が分家の届出をしないことが多いことによる（金疇洙1962, 41）。その後、「家」と現実の家族とのギャップをできる限り縮めるために、1962年の民法改正では、次男以下の息子が婚姻すれば、戸主の意思にかかわりなく強制的に分家させる**法定分家制度**が設けられた（旧民789条本文）。

　また、父母のいずれもが不明な棄児のように、所属する家がない場合は、わずか戸主一人で構成された単身戸主の「家」が新たにつくりだされる。いわゆる、一家の創立（新戸籍の編製）である（旧民781条3項本文、787条1項）。家族という実質を備えない空虚な「家」が出来上がる。これは、身分登録が個人単位ではなく、「家」単位で国民一人一人を登録しようとした結果である。

　戸主制の特徴は、このように女戸主の場合を除き、原則として男子たる戸主を中心として家が構成されるところにある。その結果、次のような問題点が指摘される。ひとつは、女性が婚姻すれば、どうしてそのほとんどが夫の家（戸籍）に入籍することを法律で強いられるのか、という点である。もうひとつは、両親が離婚した場合、子がどうして母の家（戸籍）ではなく、必然的に父の家（戸籍）に留まることを強制させられるのか、という問題である。1990年の民法改正では、当事者の意思で家籍の一部を変更したり、戸主の承継を拒むことができるよう

にしたりして、戸籍による法的な縛りがある程度、緩和された。しかし、なお男系中心の「家」という法的な枠組みは残存していた。この問題が今日の戸主制廃止へとつながっていくのである。

5　戸主の権限

(1)　戸主による家族への法的支配

戸主は、家族構成員に対していかなる法的な権限をもっているのだろうか。日本の植民地時代から建国後に民法が制定されるまでの間、家族法は植民地時代の「慣習法」がそのまま適用された。この慣習法では、戸主の権利・義務を次のとおりに定めていた。①家族の居所指定権、②家族の教育・監護および懲戒権、③家族の養子縁組または離縁に対する同意権、④庶子入籍に対する同意権、⑤家族の去家に対する同意権、⑥家族の分家に対する同意権、⑦家族の財産管理権・処分権、⑧家族の禁治産・準禁治産宣告の請求権および取消権、⑨家族の後見人および保佐人になる権利、⑩親族会に関する権利、⑪家族に対する扶養義務、⑫相続の特権などがそれである（中枢院1933, 付録31-32）。戸主は、このように家族に対して広範囲な統制権が認められていた。

その後、韓国民法の制定時には、一部の民法学者と女性団体が戸主制の存続に強く反対する動きがあった。この制度が両性の平等を定めた憲法の原則に反するというのがその主な理由である。しかし、政府側や民法起草者たちは、戸主制を維持させるために反対派との政治的な妥協を図って戸主の権限を多少、縮小するように調整しつつも、ほぼ植民地時代のかたちを保つ

第1部　韓国における「近代戸主制」という装置とその終焉

ようにした。

　すなわち、①家族に対する入籍権（旧民785条）、②妻の連れ子に対する入籍同意権（旧民784条2項）、③家族の去家に対する同意権（旧民790条）、④家族の分家に対する同意権（旧民789条）、⑤家族の禁治産・準禁治産宣告の請求権および取消権（旧民9条、11条）、⑥家族の後見人および保佐人になる権利、⑦親族会に関する権利、⑧家族に対する扶養義務（旧民797条）、⑨相続の特権（旧民1009条1項、996条）などである（金疇洙2002, 397）。民法の制定によっても、戸主の権限は慣習法時代と同様に家族に対する強い統制権をもっていた。また、戸主相続で戸主は、特権（戸主相続人への相続財産の加算分と墓地などの祭祀用財産の単独相続）を有するだけでない。家族に対する扶養義務も負っていた。これは、戸主が家族に対する統制権をもつと共に、その責任を担っていたのである。

(2) 民法改正と戸主権限の形がい化

　先ほど述べた民法の制定時から戸主制の存廃をめぐり女性団体に対抗して、その存続を強く求めた勢力があった。儒教の伝統的家族制度の守護を唱える儒林団体と保守系の国会議員たちがそれである。それ以降、民法改正の度ごとに戸主制の廃止について女性団体と儒林団体は激しく対立していた。家族法にかかわる民法の改正は、2005年までに3度にわたって行われた。1962年の改正、1977年の改正そして1990年の改正である。

　そのうち、2005年の民法改正で戸主制が廃止される直接の契機になったのは、1990年の民法改正であった。この改正では、当初から戸主制の廃止が前提となっていた。ところが、国会での審議の結果、その廃止にまでは至らなかった。国会では

表5 韓国の戸主承継の現況

	戸主承継の件数	戸主承継の放棄件数
2000	112,322	3,787
2001	112,177	3,505
2002	114,685	3,238
2003	119,386	2,864
2004	121,223	2,831
2005	120,730	2,720
2006	120,861	2,426
2007	135,511	2,027

資料) 韓国法院行政処『司法年鑑』の数値による。

その理由を次のように説明する。「これらの制度〔戸主制と同姓同本禁婚制-筆者注〕は、現行我々の民法上、家族制度の根幹をなしている制度で、これらの制度を廃止・調整した場合に法律体系上はもちろんのこと、家族関係を中心として社会全般に及ぼす影響が少なくないものと判断し、これらの制度の廃止・調整問題は、これからさらに研究検討しなければならない重い課題だと考えて、現行どおり存置させることにしました」(147回・国会本会議会議録18号、6)。この改正で戸主制は廃止されなかった。

けれども、戸主の権利・義務は大幅に縮小され、その地位が形がい化した。のみならず、**戸主相続**も財産相続から完全に分離されて、相続財産の加算分制度が廃止され、単に戸主たる法的地位のみが引き継がれる**「戸主承継制」**に変更された(旧民980条)。墓地などの祭祀用財産も直ちに戸主に相続されるのではなく、「祭祀主宰者」に相続するようになった(改民1008条の3)。戸主の財産的な特権がなくなったのである。また、今まで戸主たる地位の相続は強制であり、戸主相続人がこれを放棄することができなかった。しかし、1990年の改正でこれを

放棄することができる制度を設けた（旧民991条：**戸主の任意承継制**）（青木1991a, 24-25）。実際、2008年に戸主制が廃止されるまで毎年、戸主の承継を放棄する人々が多かった（**表5**）。戸主の権限も、親族会に関する権利（旧民960条以下）、離婚などで他家に入籍しようとする妻または嫁の連れ子に対する除籍の同意権（旧民784条2項）、直系尊属および直系卑属の入籍権（旧民785条）のみに限られると共に、家族に対する扶養義務がなくなった（旧民797条削除）。

こうして、戸主の家族に対する統制権がほぼ失われ、その責任も担う必要がなくなった。戸主は単なる「戸籍筆頭者」に過ぎなくなったといわれるほどである。

ただし、1990年の民法改正では、戸主の権限を縮小しただけであり、戸主制の基本的な枠組みは残された。戸籍の編製による「家」の存在とその構成、および戸主の地位が原則として直系卑属男子に引き継がれる**戸主承継制**（旧民980条以下）はなお存続した。つまり、「家」制度そのものは維持されたのである。女性団体からは、1990年の改正が不完全であり、戸主制の完全撤廃が唱えられる要因にもなった。

6　戸主の承継（父系血統の永続性）

(1)　男子優先の序列

1990年の民法改正前まで戸主の地位は、法律上、一定の条件を満たせば、本人の意思にかかわりなく、当然に法律の指定する者に相続される。この相続については、戸主の意思で戸主相続者を選択することができない。かつ、その相続者自らもその地位の継承を辞退することができなかった（旧民991条）。戸

主の相続は、当事者の意思にかかわることなく法律で強制されていたのである(**強制相続制**)(青木 2016, 57)。この点は、明治期の家督相続において補助的ではあれ被相続人が家督相続人を指定できる余地がある日本の場合と対照をなしている(日旧民 979 条 1 項)(近藤 1937, 57)。

1990 年の改正後も、戸主たる地位の相続は本人が死亡した時に開始する。そのほかに、本人が韓国の国籍を失った時も同様である(旧民 980 条)。すでに指摘したように、戸主の生存中に本人の意思で子どもなどにその地位を引き継がせる日本式の「隠居」制度はない。仮に、戸主を殺害したなど、戸主承継予定者に欠格事由がある場合、その者の承継権は失われ、次の順位の者が自動的に戸主の地位を引き継ぐことになる(旧民 992 条)(金疇洙 2002, 425)。韓国では、日本と異なり被承継者たる戸主の意思が介在することなく、以下の法原則にしたがってその地位が必然的に継承されていく(**法定相続主義**)。

戸主承継の順位は、つぎのとおりである。①直系卑属の男子(息子、男の孫)、②家籍が同じである直系卑属女子(未婚の娘。婚姻すれば、夫が入夫婚姻や婿養子でない限りその資格を失う)、③妻、④家籍が同じである直系尊属の女子(母、祖母など)、⑤家籍が同じである直系卑属の妻(長男の嫁など)の順位である(旧民 984 条)。同一順位に直系卑属が数人いる場合は、戸主に親等数が最も近い者が先順位になる。男の孫よりも息子が優先する。戸主を基準に親等数の同じ卑属がいる場合は婚外子よりも婚内子が先順位である(**嫡子優先の原則**)。また、順位が同じ者がいるときは、年長者が優先する。男の兄弟が数人いる場合は、長男が最優先の順位となる(旧民 985 条 1 項、2 項)(**長子優先の原則**)。

第 1 部　韓国における「近代戸主制」という装置とその終焉

　要するに、戸主承継の制度は、できる限り婚内子の長男に戸主の地位が引き継がれるようなしくみになっている。仮に長男がいないときでも、男子優先の序列で徹底化している（양현아 2010, 237）。極端な場合、息子に先立たれた戸主は、自らの死後、乳児や幼児であっても男子の孫がいれば、その孫がその地位を自動的に継承することになる。このケースに現れているように、戸主の承継において男子だという理由だけで、母、姉および祖母に優先して、幼い息子や男の孫にその地位が引き継がれるのである。彼女たちは、彼を戸主とする「家」の構成員になる。しばしば戸主の妻である祖母、未婚の叔母やその子の母（嫁）は、幼い男子を戸主とする家の構成員になることがよくいわれる（양현아 2011, 343）。

(2)　男子優先の思想

　もちろん、女性にも戸主になれる可能性はある。ただし、それはすでに見たように戸主となるべき男子が現れるまでの一時的な立場に過ぎない。女性は、単に男子が欠けることによってもたらされる「家」の断絶を回避するための補完的な役割を担っているだけである。では、戸主の承継に際して、どうしてそこまで長男や男の子が制度的に優先されるのであろうか。また、なぜ、当事者（特に「戸主」）の意思を考慮せず、法の定める序列にもとづいて戸主たる地位が必然的に継承されるのだろうか。

　まずは、戸主承継の制度を通して不断に戸主たる地位が後世に引き継がれるようにして「家」の存続を図るところに第一の目的がある。その根底には、男系の血統でもってその地位は継承されなければならないとの強い血縁観念がある。韓国の家族法が戸主の承継を通して父子関係にこだわるのは、子どもとい

うのは母系血統ではなく父系血統だけを引き継ぐ存在だと捉える男系血統優先の思想がその基礎にあるといわれている。その表れが「養子であったとしても、養父と同姓同本でないものは、養家の戸主相続をすることができない」という規定であった（旧民877条2項、1990年の改正で削除）。これは、**異姓不養**の考え方を表したもので、先祖の御霊は自己と同じ父系血族の者による祭祀で弔わなければならないという宗法制の思想を今日の養子制度に反映させたものであるといわれている（青木1992, 47）。

　戸主承継の制度は、このように韓国の伝統的な祭祀相続の観念にもとづいているのである。そこには血族や家の跡継ぎのために男の子が生まれることを願う**「男児選好の思想」**があるとよくいわれる。しかし、この考え方は、単に韓国の精神文化だというだけに止まらない。それ以上に韓国家族法の制度的な要請として「家」を存続させるためには、男の子の存在が不可欠だったのである（양현아 2002a, 124）。

　以上の検討から、戸主制が日本から導入されたとはいえ、その内容は日本のそれとは相当に異なっていることが明らかになった。特に、戸主相続は、日本の家督相続とはその性質が違っており、朝鮮伝来の祭祀相続の考え方が色濃く反映されている。そもそも韓国で外来から入ってきた法制度がどうして自国の固有なものへと変化していったのであろうか。この点が大きな疑問になってくる。これを解明するためには、戸主制が韓国に導入された歴史的な経緯を探る必要があろう。次章では、朝鮮が日本によって植民地化されるなかで戸主制が移植されていった過程を見ていくことにする。

第3章　植民地朝鮮への家制度の移植

1　伝統的な朝鮮の戸籍と近代戸籍制度の導入

　日本式の戸籍制度は、朝鮮の伝統的な戸籍で登録・管理される「戸」とはまったく異なっていた。朝鮮の戸籍とは、前述したように、古くから民に対して徭役や徴税などの行政目的を効率的に実施するために、民一人一人の家族構成や人員の現況（人数と戸口数）を把握する戸口調査の公簿であった。これは、朝鮮王朝末期で使われていた「戸口調査規則」にもとづく戸籍に代表される。1896年9月に勅令61号「戸口調査規則」と内部令8号「戸口調査細則」の施行により実施されたものがそれである。この目的は、先ほどの行政目的に加えて、民の社会身分を確認し、かつ、民を家屋や土地に縛りつけ、流浪することを防止するところにある（崔弘基1996, 219-220）。戸籍の編製は、国で指定した同一の戸籍様式2枚に戸主が必要事項を記載し、行政官署に届け出て、官署の方でその戸籍に官の印を押印した後、1枚を保管し、もう1枚を戸主に交付する方式であった。従来、戸籍の差替えは、3年に一度のペースで行われていた（**三年一成籍制**）（崔弘基1996, 220）。ところが、前述した戸口調査規則が施行されてからは、1年に一度になった。現実の人的変動をできる限り、早い時期に戸籍記録に反映させて、戸の数や人口の現況をより正確に把握するためである。戸籍には、主に戸主名、本貫、四代先祖、同居親族および家宅状況などの

第 3 章　植民地朝鮮への家制度の移植

図 7　朝鮮末期における朝鮮戸籍のひな型

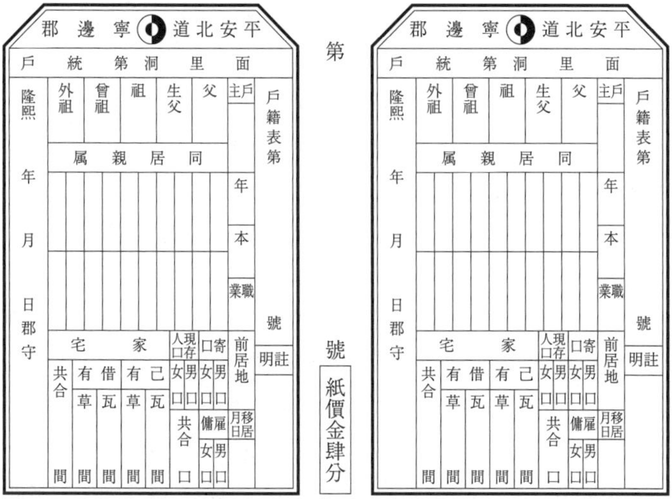

出典）内部警務局編纂『民籍事務概要』(1914年) 116頁より。

項目が記載された (**図 7**)。ここで「戸」を編製する基準は、戸主と同居しているか否かという居住主義にもとづいていた。実際の家屋を戸籍の編製単位とし、その家屋の同居者をひとつの戸籍に登録したのである (이승일 2000, 90)。現在の戸籍基準である戸主と血縁関係や婚姻関係のある家族とはまったく異なっていた。戸主の直系尊属および卑属であったとしても、同居していなければ、戸籍はそれぞれ個別に記録された (이승일 2008, 213)。戸の所在も「本籍」という概念ではなく、現実の居住地が表示された。

朝鮮の戸籍制度では、このように戸口（戸数と人口）を調査し、それを把握することを目的としていた。こうした制度は、新羅時代や高麗時代のころから時を経て変遷しつつも、その基本的な性質である戸口調査的な機能は変わらなかったとされる

第1部　韓国における「近代戸主制」という装置とその終焉

(田鳳德 1982, 27-28)。

　ところが、日本式の国民登録制度が植民地朝鮮に導入されることによって、戸籍制度はその性質を大きく変化させたのである。すなわち、戸口調査の性質から「家」制度へと変質していった。日本帝国は、この家制度を朝鮮に移植するために、まず日本のそれに類似した要素が現地の家族制度に存在しないのかを探索した。それが日韓併合前に実施された「慣習調査」(1908〔明治 41〕年 5 月から 1910〔明治 43〕年 9 月)である(ただし、この調査は、必ずしも家族法に限らず、民商法を含めた民事法全般に関するものであった)。その結果、つぎのような要素が現地の制度に存在していた。①家族のなかに「戸主」に類似した家長が存在し、家長が家族を統率する権限を有していたことである。②家長たる地位が、原則として直系卑属の男子に承継され、男系血統を中心に家族の存続が図られていることである。朝鮮の宗法制が、まさにこの二つの要素を備えていた(朝鮮総督府 1912, 294-295, 343 以下)。したがって、植民地朝鮮では、後で見られるように宗法制を中核にしながら家制度が構築されていくのである。

　日本式の家制度の導入が、韓国における近代国民国家の形成で重要な端緒になっていた。もちろん、国家が民を管理するためには、その前提作業として民の人数と彼らの生活実態を把握し、それを記録することが必須となる。これは近代国家に限らない。近代以前においても国家の成立と共にその基本要素である「民」の管理が必要になる。これが朝鮮にあっては、すでに見た「戸籍」の存在であった。

　しかし、近代に入って戸籍制度は質的な転換をもたらした。その直接の要因が「国民」(臣民)概念の出現である。開国以

第3章 植民地朝鮮への家制度の移植

降、朝鮮でも外国人の出入りがあり、租界などに彼（女）らが多数在留していた。その際、統治国たる日本としては、人的な管理上、外国人と現地の朝鮮人を厳格に区別する必要がある（浅野 2008, 309 参照）。とりわけ、植民地朝鮮の割譲をめぐっては、その土地だけでなく、人々への支配に対しても日清や日露戦争をはじめとして他国との争いの対象となった。近代の帝国国家として「主権」を拡張するためには、まずは植民地に対して人的支配の範囲を確定させる必要があった。その前提として国民となるべき現地の人々の実態を掌握することが緊要になる。その目的は、日本帝国が韓国併合と共に植民地たる朝鮮の民衆に対して一律に日本国籍を取得させ、彼（女）らを日本臣民（国民）にすることであった。それは、単に法的な地位を与えるだけではない。より実質的には、彼（女）ら一人一人に対して日本臣民たる地位を自覚させ、その責務を果たすために義務教育を含めた国民教育を実施することまで含まれていた。いわゆる、近代国家における「国民」の創出である。ただし、国民とはいっても、内地の日本人と同等の法的地位が認められたわけではない。あくまでも植民地の地域において日本の国家主権が及ぶべき客体たる「国民」の範囲を厳格に確定させるためのものに過ぎなかった。

そのために、植民地における民衆の数や個人の情報について国家として正確に把握することがその前提となる。その基礎作業が、朝鮮半島にいる人民をできる限り一人も漏れなく、記録し、その個人を識別することができる国民登録制度を設けることであった。日本式戸籍の前身である「民籍」がその最初の制度である（「民籍法」法律8号、1909年3月）（李英美 2004, 1）。日本帝国は、植民地の人的支配を確立する前段階として予め朝

鮮の民衆の実態を把握するために、併合以前の保護国期にすでにこの制度を朝鮮に導入させたのである。

もっとも、当初の民籍は、朝鮮伝来の戸籍である戸口調査の性格が強い国民登録であった。というのは、朝鮮半島の人民の総人口と総戸口の数をいち早く、かつより正確に割り出すために、伝来の戸籍の方式を踏まえつつ、主に日本の警察や憲兵による戸口の実査で民籍簿が作成されたからである（民籍事務概要 1910, 26）。民籍の編製も、当初は戸主や家族が一家屋に同居しているのか否かにもとづいていた。つまり、世帯別に近い登録であった。民籍は、このように植民地初期の暫定的な国民登録制度であった。

2 「家」制度への組換え

ところが、日韓併合後、1915年8月に民籍事務の取扱いが変更されるに伴って、民籍の性質が世帯別の登録から戸主を中心とした「家」別の登録へと段階的に移行していった（朝鮮総督府訓令47号）。まず、民籍の編製基準が、戸主との同居ではなく、戸主と生計を同じくしているのか否か（経済的な扶助関係：吉川 2009, 164）に変わっていた（官通牒240号1項2号）。これは、居住主義を明らかに否定して、民籍に登録される成員の条件に戸主との実質的な関係を求め始めている。いわゆる、**「民籍の家籍化」**に向けた動きであった（이정선 2011, 272参照）。

李正善の研究によると、この民籍事務の取扱いの変更により、民籍は戸主を中心とした「家」別に編製され始めたとする。具体的には、今まで世帯が異なっていた父と長男は、それぞれ別個の民籍に登録されていた。が、「家」を永続させるために戸

主の地位を長男に継承させることを想定して、これから新しく民籍を編製する場合、長男は別世帯になっても戸主たる父の民籍から離籍しないような措置を採った（官通牒240号12項1号）（이정선 2011, 272）。次に、既存の民籍のうちで長男と父たる戸主がそれぞれ別の民籍に登録されている場合は、当事者の届出にもとづいて長男を父の民籍に転籍させる方針を打ち出した（民籍例規集 1917, 92-93）。民籍は、このように家が長男を通して受け継がれるよう、戸主相続の前提が徐々にかたちづくられたのである（이정선 2011, 272）。こうした「家」へと組換えられる民籍の編製基準は、後で述べるように宗法制の原理の多くが取り入れられていった。

　もっとも、宗法制を民籍編製の基本的な原理としたといっても、宗族たる血縁共同体がすべてひとつの民籍に網羅的に登録されたわけではない。総督府が慣習調査などで得られた宗法制の実態は、おおよそ次のようなものであった。宗中たる大血族は、分派して各々に門中や小宗中という形で系統だっている。この中・小宗中のなかにそれぞれの家族（堂内《タンネ》）が存在していた（鄭光鉉 1967, 176-177）。宗家を中心に分家（支家）した無数の家族（堂内）の集まりがひとつの血縁共同体を形づくっていた。

　その一方で、民籍の編製は「戸主ヲ本トシテ一戸毎ニ之ヲ編製スヘキコト」と定められた（官通牒240号1項1号）。当局は、民籍の登録上、各々の家族に戸主を設け、戸主との婚姻関係や直接の血縁関係を結んでいる人々で主に構成された小規模な血縁家族を新たに創り出して、それぞれの家族を法律上の「家」に組み入れたのである（民籍法執行心得3条）。民籍上の「家」は、宗中や門中の血縁共同体から独立した小家族として存在す

第1部　韓国における「近代戸主制」という装置とその終焉

るようになる（홍양희 2005, 190참조）。

　しかも、朝鮮の住民は、例外なく「民籍」の登録対象になったことから、階級や身分にかかわりなく画一的に「家」の編製が実施された。朝鮮では、開化期の甲午(こうご)改革で身分制度が廃止され、階級がなくなりつつあった。それでも保護国期に賤民層である「奴婢」の人たちが存在しており、戸口調査のときには主人の戸籍に登録されていた。しかし、民籍の導入に伴って、主人の籍から独立し、彼（女）らに個別の民籍が編製され、戸主たる地位が付与されるようになった。ただし、彼らの民籍は主人の民籍の末尾にいっしょに綴られた。附籍制度がそれである（民籍法執行心得6条）。従来の慣行の名残りである。この制度も1916年から徐々に廃止され、主人の籍から分離して完全に独立した民籍となっていった（民籍例規集 1917, 79）。

　家制度は、このように単に当局による「戸」の把握に止まらなかった。日本帝国は、法令でもって朝鮮半島全土に一律のルールにしたがって「家」の家長たる戸主を置き、戸主を中心に家族の構成員を婚姻や血縁などで連結することを規定し、家籍たる民籍や戸籍にそのメンバーを洩れなく登録しようとした（利谷 1991, 101参照）。これが「家」の始まりである。つまり、法的な枠組みで新たに創り出された法律上の家族団体であった。「朝鮮ノ慣習ニテハ家ヲ認メ、人ハ必ズ家ニ属スベキモノトシ、家ニハ戸主アリ。戸主以外ノ者ヲ家族トセリ」〔句読点筆者〕（朝鮮高等法院 1921）。植民地当局は、こうした同一の法形式である「家」単位で朝鮮の民衆すべてを登録・管理するねらいがあった（**家の単位化**）（홍양희 2005, 186）。朝鮮への家制度の移植は、いわば新たな「家族の再編」であった。

　しかも、主に両班(ヤンバン)（朝鮮時代の官僚組織や支配組織を担ってい

第3章 植民地朝鮮への家制度の移植

た身分階級をいう－筆者注）など、一部の特権階層で機能していた家族システムたる「宗法制」は、朝鮮後期や開化期で一般民衆にまで浸透し始めた。日本式の家制度の導入によって、その制度は両班だけでなく賤民層にまでさらに普遍化し、一般化していった（**戸主制の平準化**）。「家」の創設と共に、あたかも宗家の先祖祭祀の主宰者たる宗孫や門長が「戸主」という名で各々の家ごとに設けられるようになった。いわば小規模な「**擬似宗族団体**」が人為的につくられたのである（양현아 1999, 231 参照）。民籍の導入は、朝鮮の家族制度を「近代家族」へと変化させていくひとつの契機になったのである（홍양희 2005, 199 참조）。

ただし、民籍は、家族関係の変動を証明（公証）する上ではまだ不十分であった。というのは、婚姻、離婚、養子縁組などの主な法律の効力は、民籍官署への届出を要せず、その事実が生じた後にその官署に報告すればよかったからである（**事実主義**）（民籍法1条の2）。その結果、報告しない事例も多く、人々の家族関係の変化を民籍に正確に記録させることができないという難点があった。

したがって、日韓併合後、朝鮮戸籍令（朝鮮総督府令154号、1922年〔大正11〕年12月18日）の制定でもって、初めて日本式の戸籍制度が植民地朝鮮で完結する。国民登録制度が、民籍から戸籍に変更されたのである。朝鮮の戸籍でも「戸主ヲ本トシテ一戸毎ニ之ヲ編製」することになった（同令3条）。朝鮮人民の登録は、民籍に引き続き、戸籍でも戸主を中心とした「家」単位で実施された。さらに、重要なことは、婚姻、協議上の離婚、養子縁組などの法律行為の成立が事実主義から**届出主義**に変更されたことである（朝鮮民事令中改正、制令13号、

1922〔大正11〕年12月7日）。戸籍官署への届出によって、婚姻、離婚、養子縁組などの効力が生じ、その事実が常にそのまま「戸籍」に記録される。戸籍上の手続を家族実体法上の効果に連結させることにより、人々の家族関係の変化が戸籍に正確に表記され、戸籍の記載事項の証明力（**公証性**）が高まる。朝鮮戸籍の家族実体法に対する公示機能が、日本本土の戸籍とほぼ同様の役割を果たすようになったのである。

3　朝鮮の近代戸籍制度と家族慣習法

　日韓併合後、朝鮮の法制は、本土内地たる日本の法令がそのまま適用されたわけでなかった。植民地朝鮮は、台湾および関東州などと共に日本本土と異なる「異法地域」（外地）として、独自の法体制（外地法）の下に置かれた（清宮 1944, 29）（**日本帝国の多元的法体制**）。と同時に、朝鮮人は「外地人」として「内地人」たる日本人とは違った法的な支配に服した。両者は、身分上の本拠を置くべき地域（本籍地）によって法的に区分された。この身分上の本拠を公的に証明する制度が「戸籍」なのである。つまり、日本人は、本土の戸籍法にもとづいた内地に身分上の本拠（本籍）を置くべき者とされた。いわゆる「内地戸籍」に登録された。一方、朝鮮人については、今までみた「民籍法」および「朝鮮戸籍令」に依拠して朝鮮に身分上の本拠を置くべき者とされた（朝鮮戸籍令1条）。つまり、「朝鮮戸籍」に登録されたのである（鄭印燮 1988, 655）。

　このように見ると、植民地朝鮮における日本式の戸籍制度の導入は、単に日本の国家主権が及ぶべき人的支配の規模を確定させる目的だけではなかった。内地やほかの外地など、各地域

第3章　植民地朝鮮への家制度の移植

ごとに帰属する人民の範囲を定めると共に、国民を地域間で法的に区分するねらいがあった。朝鮮戸籍は、朝鮮人民の国籍を確認するだけでなく、日本帝国の一外地への所属を表示する**「地域籍」**としての機能も有していたのである（共通法3条・法律39号、1918〔大正7〕年4月17日）（이승일 2000, 80-81참조）。各地域ごとに区分する目的のひとつは、内地と外地や外地間の転籍を厳格に規制するところにあった。日本の植民地から解放された後も、一地域籍としての朝鮮戸籍は、大韓民国の成立時に日本国籍から離脱した韓国人のうちから自国民の範囲を確定させるための法的な端緒にもなっていった（岡 2006, 409）。

　では、こうした戸籍制度を前提として、それと一体関係にある家族実体法は、植民地朝鮮でどのようになっていたのであろうか。現地での民事法は、原則として本土内地の民法を依用することになっていた（朝鮮民事令1条）。ただし、親族および相続の家族実体法については、現地の「慣習ニ依ル」ことにした（同令11条）。この規定は、家族関係を規律する親族・相続法が日本民法の適用を受けずに、植民地朝鮮の「慣習」にその法的な根拠を求めることを示したのである。当局で実施した慣習調査でも明らかなように「日本内地ト風俗慣習ノ同シカサル朝鮮ニ在リテハ……其ノ慣習ヲ重ンセサルヘカラス」（民籍要覧 1914, 1）。日本民法の親族編、相続編の内容は、当時、実際に朝鮮人の家族関係を律していた慣習法とはかなり大きな差異があって、到底そのまま依用できなかったのである（有泉 1948, 78）。当時、同民事令の制定理由書にも「朝鮮人ノ親族及相続関係ニ付テハ、……従来ノ例ニ依ラシムルコトヽシ、以テ現情ニ対シ著キ変動ヲ与ヘ人民ヲシテ思ハサル煩累ヲ被ムルノ害ヲ避ケシムルヲ可トス」として、本土の民法をそのまま現地に適

第1部　韓国における「近代戸主制」という装置とその終焉

用することの弊害が危惧されていた〔句読点筆者〕(『公文類聚』34編21巻, 1910)。植民地朝鮮では、こうして家族法だけは内地本土の民法ではなく、現地の「慣習」に依拠することになったのである。

次に問題となるのが、朝鮮民事令11条にいう「慣習」の中身である。この問題の核心は、その中身を判断する権限が朝鮮側になく、あくまでも植民地統治者である朝鮮総督府の側にあったということである（岡 2009, 281）。まずは、前述した朝鮮の民商事に関する慣習調査事業の実施であり、その結果が『慣習調査報告書』である（朝鮮総督府, 1912）。ただし、この調査の結果が直ちに慣習法として法的な規範性をもったのではない。総督府内の審議機関たる「旧慣及制度調査委員会」の決議や慣習調査を担当した部署長名義（政務総監、中枢院議長、法務局長など）の回答および通牒で確認された慣習が法的な効力をもつのである（中枢院 1933, 序1）。つまり、朝鮮の親族相続に関する具体的な慣習法の中身とは、こうした総督府の内部機関で確認され、「朝鮮ノ慣習」と認定された実務先例の集積なのである（鄭光鉉 1955, 32-33）。その先例が、朝鮮総督府中枢院で発行した『民事慣習回答彙集』などに収録されている（中枢院 1933）。朝鮮民事令にいう「慣習」は、もちろん現地の慣習実態に即して規範化したとはいえ、このように統治者側が主導してその内実を決定していった。いわば、朝鮮総督府による「官製慣習法」と評されるべきものであった（李相旭 1988, 24）。

植民地朝鮮に移植された戸主制は、以上のように日本の家制度と朝鮮の慣習とが結びついた複合的な性格を帯びる。これは、家族と戸主を中心に編製される戸籍上の「家」を基本的な法枠組みとした。ただし、その「家」のなかに盛り込まれる家族実

体法は、日本の民法ではなく、現地朝鮮の慣習法にもとづくのである。したがって、「家」の実体的ルールは、主に朝鮮の家族原理で構成されたものである。その中核をなしているのは、中国の宗法制に由来した儒教的な家族制度である。具体的には、以下で説明するように朝鮮の姓制度たる「姓」と「本貫」、同姓同本禁婚制および異姓不養の原則などが、その主要なルールであった。

4 宗法制と戸主制

まず朝鮮の姓制度であるが、ここでいう「姓」とは、自ら出生した父系血統を表示する標識である。朝鮮の人々にとって「姓」とは、いずれの血族から出自したのかを表す出生血統の目印である。したがって、姓とは、父系血統のアイデンティティを表象するものであり、一生涯、変更してはならないものだとされる。いわゆる、**姓不変の原則**である。

さらに、朝鮮では、血族が多いといわれる「金」氏、「朴」氏、「李」氏などのなかでも同じ姓であるが、血族は異なっている場合がある。このため、同姓のうちから各血族を識別するために、「本貫」という父系血統の先祖発祥の地名や先祖ゆかりの地名などが姓の前に付される（山田ほか 1986, 14）。たとえば、「金海」金氏、「密陽」朴氏や「全州」李氏などの本貫で表示される。姓とは、要するに血縁共同体たる宗族（宗中）の名称なのである。朝鮮戸籍についても「戸主家族ノ姓名及本貫」が必要記載事項になっていた（朝鮮戸籍令 11 条 1 号）。これは、朝鮮の家族原理が日本式の戸籍制度に組み込まれた典型例である。朝鮮の「姓」とは、家の名称であり、家の所属が変われば

第1部　韓国における「近代戸主制」という装置とその終焉

「氏」も変わる日本の場合とは大きく異なっていた。

　次は、同姓同本禁婚制と異姓不養の原則である。前者は、姓と本貫を同じくする血族内での婚姻を禁止する原則である（**族内婚禁止の法理**）。一方、後者は、養子を迎える場合、その者が養父の姓と本貫を同じくする同一の血族でなければならないという原則である。宗法制で最も恐れることは、同姓同本婚といった族内婚であったり、また祖霊祭祀の継承者たる子孫がいなくなることで父系血統が途絶えることである。というのは、男系血統が族内婚によって汚されたり、あるいは子孫が生まれずに血統が絶えることで、死を迎える自らの魂を含めて祖先の御霊を弔ってくれる後孫がいなくなることを最も危惧するからである（岡 1998, 56-57）。宗法制における養子制度とは、直接に子孫がいなかったとしても、同じ先祖の「血」を受け継いだ者を養子にすることで血族の存続を図ろうとするものである（中枢院 1933, 付録 23）。朝鮮総督府当局も「血族婚姻ハ朝鮮慣習上絶対禁止スル所ナリ」としたり（法務局 1943, 201）、また「古来朝鮮ニ於テハ……異姓不養ノ慣習存シ」（法務局 1943, 170）「養子ハ必ス同列親族ノ子（男）ヨリ取ルコト要シ」（中枢院 1933, 87）として、これらの諸原則を慣習法として認定した。宗法制の主要なルールが、このように日本式の家制度のなかに盛り込まれたのである。

　当時、朝鮮高等法院の日本人裁判官（野村調太郎）が指摘したように、朝鮮には元々、日本式の家督相続を基にした「家」のような観念がなかった（野村 1926, 86）。あったのは祭祀相続を柱とした「宗中」という男系血族である。今日、韓国でいわれる「家系継承」は、本来、祭祀相続とは無関係なことばである。植民地時代に入ってから、朝鮮の戸主制において「家系継

承＝祭祀相続」という観念が徐々に定着していく（金相勲 2008, 127参照）。その直接の契機となったのが、朝鮮総督府の側で戸主相続の根幹に宗法制の祭祀相続の原則を組み入れたことによる。当局は「一家ノ祭祀ハ、戸主之ヲ行フヲ本則トスルヲ以テ根本ノ観念ヨリスレバ、祭祀相続ト戸主相続トハ本来一體ノモノナリ」とみなした〔句読点筆者〕（中枢院1933, 付録45）。併合初期のころから朝鮮の家制度は、日本の家督相続の原則ではなく、主に祭祀相続を柱にして構築されていった。その理由は、朝鮮の家族実体法が日本の民法ではなく、現地朝鮮の慣習法に依拠することになっていたからである（民事令11条）。宗法制の先祖祭祀と戸主制が結びついた結果、朝鮮では戸主の最も重要な役割が、祖霊祭祀を執り行うことであると観念されるようになった（이승일 2000, 97참조）。

したがって、戸主相続の核心は、家の家督を継承することではなく、先祖祭祀の奉祀者たる地位を受け継ぐことにある。戸籍によって創り出された各々の法律上の「家」は、まるで一人の祭祀主宰者たる「戸主」を中心とした宗中団体のような祭祀共同体の性質を帯びた（양현아 1999, 225参照）。家制度の成立により、従来の伝統的な宗中団体とは別に小規模な**擬似宗族団体**たる「家」が数多く量産されていった。家とは、まさに「第二の宗族」なのである。

現代の韓国社会でも、戸主相続とは、家系継承の一環とした祭祀相続がその実質をなしているとの見方が根強く残っている。幾度の民法改正で戸主制の廃止に対して保守派を含め多くの人々が感情的な拒否感をもつのは、日本帝国の家制度を韓国固有の文化であると誤認したからではない。それは、戸主制に内包している先祖奉祀や父系血統継承の観念に対する強いこだわり

から生じているのである（김성숙 외 2003, 15）。だとすると、ここである疑問が生じる。それは、元々、朝鮮社会に存在していた宗中団体が、日韓併合後、戸主制の導入によってどのように法的に位置づけられ、この団体と法律上の「家」とは、どのような関係にあったのであろうか、ということである。以下では、植民地法制の下における宗中団体と「家」との関係について検討することにしよう。

5 「法外化」された宗中団体

　宗中団体に対する現代法の位置づけは、日本帝国による植民地時代に始まる。この団体を機能させている宗法制とは、一般的に次のように定義づけられる。すなわち、これは、父系血統で結ばれた血縁共同体たる宗族が先祖祭祀を中心に一族を統率する血族のしくみである（青木 1981, 287）。朝鮮民事令の制定以降、すでに見たように親族および相続についての事項は、朝鮮の「慣習」によることになった（同令 11 条）。したがって、韓国併合の初期は、宗中団体も朝鮮の慣習法で規律されたのである。

　併合前の慣習調査の段階では、この団体を日本の戸主制における「親族会」から捉えようとした（朝鮮総督府 1912, 340）。しかし、実際はその性質を異にしていた。その後、朝鮮総督府は、宗中を次のように捉えた。宗中は、相互親睦を目的とする宗族団体で「先祖」を単位として成り立っている。また、この団体は、慣習上、当然に成立するものであるから、契約などの関係者の合意が必要でなく、ある者に子孫が 2 人以上いれば、その者の死亡と共に成立するのである（中枢院議長回答, 昭和

第 3 章　植民地朝鮮への家制度の移植

15 年 3 月 30 日)。この捉え方から今日の韓国の裁判例にも影響を与えた「自然発生団体説」が現れた。つまり、宗中とは、同一の先祖から生まれた子孫が共同で先祖祭祀を引き続いて行い、先祖の墳墓を守護すると共に宗員相互間の親睦および福利を図るために自然に発生した宗族団体である（大判 2005 年 7 月 21 日、2002다1178）。

　宗中は、何よりも祖霊崇拝の観念を基礎に祖先を祭祀し、その墳墓を守っていくところに団体の第一の目的がある。いわゆる、祭祀共同体である（金載亨 2005, 350）。それゆえ、宗中の法的位置づけは、その団体の柱である祭祀相続のあり方にも現れた。この相続は、すでに見たように宗中の血統を受け継ぎ、祖先の御霊を奉祀すると共に、その祭祀を主宰する地位を継承することを主な内容としていた。祭祀を主宰する地位にある者を「宗孫」といい、その法的な地位を「宗孫権」という。祭祀相続とは、こうした宗孫の地位が受け継がれることを意味した（朝高判、昭和 7 年民上 626 号）。

　ところが、植民地期を前後して日本式の家制度が朝鮮に導入されることで、戸主相続が朝鮮の相続制度の根幹に位置づけられた結果、戸主相続と朝鮮伝来の祭祀相続との関係が問題になった。当初は、戸主相続、財産相続とは別途に宗中の祭祀主宰者の地位を継承することを内容とする祭祀相続を慣習法として位置づけていた。「一門ノ宗孫トシテ本系ノ相続ヲナス場合ハ、啻ニ戸主権、財産権ノ相続ノミナラス、門祖ノ祭祀権ヲモ相続スヘキコトハ朝鮮ニ於ケル慣例タリ」〔句読点筆者〕（朝高判、大正 2 年民上 258 号）。当局は、現地の慣習を重視する立場から宗孫権の相続を朝鮮の慣習法として認めていた。また、宗孫権に対する裁判への訴えも、法律上の利益があるとして裁判で取り

上げられた(朝高判、大正10年民上5号)。祭祀相続以外にも族譜の訂正を求めた訴訟において朝鮮高等法院は、「朝鮮民人ノ実情、未タ宗族制度ニアリテ、専ラ此系譜ニ依リ一族ノ系統 昭穆(しょうぼく)ヲ明確ニスルヲ以テ……系譜ノ真正ハ法律ノ保護ヲ受クヘキモノ」と判示した〔句読点筆者〕(朝高判、明治45年民上124号)。

けれども、1933年3月3日の朝鮮高等法院の判決で「現今ニ於テハ、……戸主相続及財産相続ノ制度確立セルカ故ニ、……祭祀相続ノ観念ハ、畢竟先代ヲ奉祀シ且先祖ノ祭祀ヲ奉行スヘキ道義上ノ地位ヲ継承スルコトニ外ナラス」と判示された〔句読点筆者〕(朝高判、昭和7年民上626号)。この判決を起点として、宗孫権を含めた祭祀相続は法律の対象から除外され、単に道義上および習俗上の利益に過ぎず、その法的な権利性が否認された(鄭肯植 1993, 226-227)。それ以降、祭祀相続は、習俗上の地位の継承であるとの認識に立ち、裁判では祭祀用財産の相続などの財産的な側面から間接的にその地位を解釈する程度に止まった。宗中の根幹である先祖祭祀の本体は、国家の公式法たる法律の外に置かれたのである。こうした宗中団体の法的位置づけは、今日の韓国法にもそのまま受け継がれている(金相勳 2008, 141)。この裁判例の立場の変更は、以下で検討するように韓国の家族制度において一大転換をもたらしたのである。

6 家族制度の「日本化」とその挫折

宗中の祭祀相続について法律上の位置づけが、どうして大きく変更されたのであろうか。朝鮮総督府は、当初から朝鮮の法

第3章 植民地朝鮮への家制度の移植

制を内地と同じ法秩序の下に置くことを予定していた。朝鮮民事令の制定理由で日韓併合の当然の結果として植民地朝鮮の民事事項については内地の法令をそのまま依用するとした(『公文類聚』34編21巻, 1910)。同令1条はその表れである。もっとも、11条で親族・相続については現地の慣習に依拠すると規定した。けれども、これは戸主制をはじめとした日本の家族制度を現地に導入することの混乱を避けるために過ぎなかった。朝鮮の家族法についても「将来ハ内地ト同一法規ノ下ニ置クヘキ」もので、祭祀相続を含め家族慣習の適用は、あくまでも現地で戸主制が確立するまでの暫定的な措置に過ぎなかった(『公文類聚』34編21巻, 1910)。いわゆる、内地延長主義の一環である。

先ほどの法院の判決にも、「現今」ですでに戸主相続および財産相続が朝鮮で確立していることから、これ以上、祭祀相続を法的に存続させる必要性がなくなったことをほのめかしている。1933年ごろは戸主相続を中心に日本式の家制度が朝鮮に定着し始めた時期である。この6年後の1939年に朝鮮民事令の改正で「創氏改名」および「婿養子・異姓養子制度」(同11条)を導入しつつ、当局は朝鮮の家族制度を内地式の家制度へと徹底化を図ろうとした(李相旭1991, 380)。そのねらいは、朝鮮的な家族制度、特に父系血統にもとづく宗族集団の力を弱め、日本式の家制度の強化を図って「天皇」への忠誠心を植えつけるところにあったとされる(水野2008, 50)。したがって、同化政策に法的な障害となる宗中の祭祀相続を予め法制度から除外したようである。

実際、財産相続については、元々、朝鮮では戸主相続人以外の兄弟姉妹にも相続権を認めていた。本来ならば、宗孫たる父

第1部　韓国における「近代戸主制」という装置とその終焉

が亡くなった場合、父の財産はそれぞれの子に分割して相続されていく（**均分相続制**）。ところが、植民地時代では、戸主の財産は、一旦、戸主相続人にそのすべてが一括して相続される。ほかの兄弟姉妹は、単に戸主相続人に相続財産の分財を請求することができるだけである（金疇洙 2002, 488）。次男以下の相続権が弱まっているのは、戸主相続はその地位だけでなく戸主の財産も戸主相続人が単独で相続するべきであるとの日本式の家督相続原理が朝鮮の慣習法に影響していたからである。

　また、娘の場合、婚姻などで戸主の戸籍から除籍されたときは、財産相続権そのものが失われた。戸主の財産相続は、同一の戸籍内の血族に限られていたのである（李相旭 1990, 85）。朝鮮の相続原理である父系血統よりも、「戸籍」にもとづいて相続の権利関係を決定しようとする日本民法の原則が適用されたためである。植民地朝鮮の家族法は、現地の「慣習」に依拠しつつも、その基本的な枠組みは多分に日本法にもとづかせていた。

　けれども、朝鮮家族法における内地延長主義はある袋小路に陥る。日本式の家制度は、植民地朝鮮の慣習を重視する現地主義にもとづいて本来のそれと相当に異質なものとなるほどにすでに土着化していたからである。日本の戸主制を朝鮮に移植するために、すでに見たように現地の宗法制がその根幹に接ぎ木された。朝鮮総督府は、併合初期にその過程で宗法制以外の多様な家族慣習を法的に否認しつつ、宗法制にもとづいて慣習法の整備を図った。

　当時、宗法制以外にも様々な家族慣習が、以下のように当局で確認されていた（이정선 2011, 273-274）。たとえば、先祖祭祀は必ずしも男系血統だけに担われていたわけでなかった。娘

第3章　植民地朝鮮への家制度の移植

や彼女の子孫も自らの父（祖父）方の先祖祭祀を執り行っていた。「外孫奉祀」の慣習がそれである（民籍例規集1917, 79-81）。また、朝鮮時代末期ごろから「収養子」や「侍養子」という名で自らに実子がいない場合、血族の異なった子どもを養子に迎え入れて、その子に養父の先祖祭祀を引き継がせる異姓養子の慣習があったようである。総督府は、いずれの慣行も宗法制に反するとして慣習法と認めなかった（民籍例規集1917, 39）（이정선 2011, 273）。その後の裁判例でも収養子は養家の祭祀および遺産を相続することができないことが朝鮮の慣習であると判示した（朝高判、大正11年民上143号）。というのは、当局は朝鮮の慣習をできる限り宗法制の原理で貫徹することによって、家制度の導入を容易にしようとしたからである。これにより、日本の戸主制は、朝鮮にうまく浸透していった。のみならず、宗法制の慣習を媒介として朝鮮全土に拡散していった。その一方で、当時、存在していた多様な家族慣習が法的に整理され、慣習法の対象から除外されていったのである。

その結果、宗法制にもとづいて換骨奪胎させた朝鮮の戸主制は、もはや本土のそれに後戻りできないほどに定着した（홍양희 2006, 118 참조）。伝来の家族制度とうまく融合した家制度は、その中核を骨抜きにし、再び内地の純然たる家督制度に組み替えるのはほぼ不可能に近かったからである。しかも、家族制度改革を半ばにして、日本の朝鮮に対する植民地支配が終了した。家族制度の内地化（日本化）は、事実上、「未完」に終わってしまったのである。

日本式の家制度は、現地の宗法制の原理を取り込むことで朝鮮の家族制度の中心に位置づけられ、現地のあらゆる家族に対して公式的な国家法（実定法と慣習法）にもとづいて適用され

第1部 韓国における「近代戸主制」という装置とその終焉

た。それゆえに、宗法制の下で存在していた宗中団体など、従来の伝統的な家族制度の多く（宗孫、門長、宗会運営ルールおよび祭祀相続など）は、植民地法制（国家法）の外に追いやられ、習俗や慣行といった各々の血縁共同体内のルールとして現地の人々の生活のなかに細々と息づいていく。こうして植民地の過程で朝鮮の家族制度は、現地化した「家」制度が正式な法制度として定着する一方で、その「深層」では伝統的な宗中の秩序などが根強く存在していたのである。この地域の家族制度は、植民地近代のものや伝来的なものなど、多層で構成された複合的な構造をなしていた。

では、植民地時代に形成された家族法秩序の構造は、戦後、韓国の建国でどのように変化していくのであろうか。次章では、日本による植民地支配が終了した後、大韓民国が成立する過程で戸主制と宗法制が現代の家族制度として形づくられていくすがたを明らかにする。

第4章　大韓民国の建国における
　　　　戸主制の持続と強化

1　植民地からの解放と戸主制

　植民地からの解放後、韓国は必ずしも日本の明治国家のように「積極的な作為（企て）」として戸主制を導入したわけではなかった。むしろ、他律的なかたちでそれを受け入れざるを得ない状況下に置かれていた。日本帝国が、植民地朝鮮で「戸主制」を移植し、法制度として「家」制度を導入しつつ、他方で「朝鮮の慣習」にもとづいた儒教的な家族ルールを融合させながら朝鮮の家族制度が形づくられた。植民地で形成された朝鮮の家族制度が韓国の建国時にほぼそのまま受け継がれたのである（岡 2009, 285）。

　米ソ冷戦構造の影響で韓国は、朝鮮半島において「ひとつの国家」として出発できなかった。北緯38度線付近を境に分断国家として成立した。社会主義に対峙する反共国家たる「権威主義国家体制」でスタートしたのである。当時、韓国が国家として出発できる条件は、ある程度、限定されていた。①米軍政期にあってアメリカが主導した戦後の復興計画のなかで韓国の建国を進めるほかになかった。②韓国が建国するに当って法制度は、国家の基本的な組織法以外そのほとんどが植民地法制をそのまま再利用したものである。というのは、建国当時、正常な立法活動は、基本的な国家機関が立ち上がった後に可能であ

り、まずは初期の法的な空白状態を回避させる必要があったからだ、とされる（兪鎭午 1953, 289-290）。

アメリカ軍政下（1945 年 9 月～1948 年 7 月）では、軍政当局が朝鮮民事令、同戸籍令および家族慣習法など、植民地時代の家族法システムをほぼそのまま存続させた。なぜならば、1945 年 11 月に軍政法令 21 号にもとづいて、朝鮮で適用されたすべての法律および朝鮮旧政府の発布した法令は、引き続いてその効力を有するものと定めたからである（同令 1 条）。ただし、朝鮮人に差別および圧迫を加えた植民地政策をなくすために、軍政法令 11 号で治安維持法や神社法など、一部の法令が廃止された（同令 1 条）。家族法に関連する法令としては、朝鮮姓名復旧令（軍政法令 122 号、1946 年 10 月 23 日）が制定され、創氏改名制度が全面的に廃止された。妻の無能力を定めた日本の旧民法 14 条ないし 18 条の適用は、大法院の判決（1947 年 9 月）により停止された。建国後ではあるけれども、婿養子制度は植民地支配の終了と共に消滅し、これで成立した婿養子関係は公序良俗に反し無効であると大法院が判示した（1949 年 3 月、ただし、1958 年の民法制定でこの制度は復活する）（鄭光鉉 1955, 29-30）。それ以外の植民地法制下の家族法令は、ほぼそのまま有効に適用されることになった。

大韓民国が建国（1948 年 8 月 15 日）した後、民法をはじめとした基本法典が直ちに制定されたわけでなかった。民法だけを見ても、建国から 10 年が経過してようやく成立したのである。基本法典の編纂作業が、朝鮮戦争などでうまく進まなかったからである（吉川 2004, 126-127）。問題は、民法典が施行されるまでの空白期間において、韓国の家族法はいかなる法令にもとづいて規律されていたのか、という点である。

第4章　大韓民国の建国における戸主制の持続と強化

　それは、アメリカ軍政下で効力を有していた植民地法制が、ほとんどそのまま適用されたのである。いわゆる「依用法令」の問題である。その法的根拠が48年憲法（制憲憲法）附則100条である。「現行法令は、この憲法に抵触しない限り、その効力を有する」。もちろん、理論的には、旧法令とは「憲法に抵触しない限り」において、その効力が認められるに過ぎない。当時の憲法には、性差別を禁止する平等原則と婚姻の成立・維持に「男女同権」を定めていた（憲法8条、20条）。当時の研究者のうちでは、親族・相続に関する旧法令のうち、戸主制や同姓同本禁婚制など、平等の原則に反する規定が少なからず存在することを示唆する見解もあった（鄭光鉉 1955, 31）。

　ところが、当時、国家機関として憲法を有権的に解釈する違憲審査機関（憲法委員会・大法院）は存在するものの、充分に機能していなかった。旧法令の持続は、憲法規範との抵触を細かく審査されることなく、そのほとんどがなし崩し的に行われていたといわれている（정인섭 1999, 282）。戦後、植民地であった韓国が旧制度たる「戸主制」を存続させたことは、新憲法の制定にもとづいて遺制である「戸主制」を全面的に廃止した日本と著しい対照をなすものであった。

2　民法典の制定と戸主制

　もっとも、戦後、韓国では、他律的な要因でのみ「戸主制」が持続したわけではなかった。むしろ、韓国政府は、「戸主制」を柱とする家制度を家族法のなかに積極的に導入しようとした。それが「民法」（法律471号、1958年2月22日）および「戸籍法」（法律535号、1960年1月1日）の制定であった。その最た

るものが「戸主制」、「同姓同本禁婚制」および「異姓不養の原則」などの伝統的な家族制度の法制化である。そのときに問題になったのは、父系血族集団たる「宗中」と戸主制との関係であった。

すでに検討したように、戸主相続が植民地期に日本式の「家」制度の導入と共に、朝鮮の相続制度の根幹に位置づけられたことから、宗法制の核心である祭祀相続は、法制度から除外され単に道義的な利益と捉えられ、その法的な権利性が否認されていた。韓国の民法典の制定に当っても、両者の関係はほぼそのまま受け継がれたのである（金相勲 2008, 157）。当時、朝鮮の姓の制度や同姓同本禁婚制などの宗法制のルールは定められたものの、宗中の団体規則や祭祀相続は導入されず、その財産的要素である墳墓などの祭祀用財産を戸主相続人に単独相続させる規定を設けるに止まった（旧民 996 条）（民議院法制, 2）。

その立法理由は以下のとおりである。「祭祀相続制度は、元来、祖先を崇拝し、報恩之誠を尽くそうとする儒教の礼教思想から表れたものである。韓国古来の淳風美俗のひとつである。しかし、これを法律効果ないし法律上の権利義務として規定するのは実際上、困難である。のみならず、現在の『家』は、すでに観念的な共同始祖奉仕団体としての性格から現実的な共同経済団体としての性格にその重点を移しており、これをあえて法律制度として規定することは、かえって社会の実情に適合しないものといえる」。「祭祀相続を認めない以上、これに伴う宗中、族譜、祭位土またこれらは……規定しないことにした」（民議院法制, 17, 2）。

族譜や祭位土のみならず、宗中という団体そのものも民法で

第4章　大韓民国の建国における戸主制の持続と強化

規定の対象としなかった。さらに、宗法制の祭祀相続は、民法の制定に際しても法制化されず、それは日本式の家制度の根幹である戸主相続に置き換えられた。「祭祀相続は、法律制度から除外し、道徳と慣習の範疇に委譲して、その精神は可及的に戸主相続人を定めるところで参酌するようにした」（民議院法制, 17）。すなわち、「家」の家長たる戸主の地位を受け継ぐことは、同時に先祖祭祀を司る祭祀主宰者たる地位の継承をも含まれていた。「家族に君臨する強力な戸主権と共同始祖の奉祀団体たる『家』を男系血統の男子（長男または長孫）に相続させ、『家』を断絶させずに継続維持しようとする」（民議院法制, 27）。つまり、父系血統に立脚した宗中の祭祀承継の原理は、民法上、戸籍単位の小規模な「家」の原則へと変質してしまったのである。

のみならず、本来、宗中や門中といった規模の大きな血族集団で機能していたルールの一部（同姓同本禁婚制、異姓不養など）が、民法で規範化されることですべての小規模な「家」にも普遍化していった。形式では「家」とは、単に戸籍という登録上の無機質な家族団体でしかない。ところが、戸主を中心に祖霊祭祀を執り行う宗族集団としての意味が付加されることで、その「家」はあたかも宗族に準じた父系血族たる特徴を帯びたのである（양현아 1999, 224-225参照）。

しかし、その一方で、この「家」は、単に先祖祭祀を目的とした祭祀集団だけに止まらなかった。大血族から分割された小規模な擬似宗族は、現代社会に対応すべく「核家族」への足がかりにもなった。建国後、韓国でも産業化と都市化が進み、人々の労働や家族形態が大きく変わり始めた。まずそのひとつの変化は、農業や漁業にのみ従事する人々よりも労働者が増加し

第1部　韓国における「近代戸主制」という装置とその終焉

たことである。事業所に就職して、そこに労働を提供し、その対価として賃金を受け取り、都市で生活する人々が社会において主流になった。従来は、宗族集団が近隣に集まって生活をし、農業を中心に経済的にも一体性が保たれていた場合が多かった。ところが、近代以降、同じ宗族に属する親族が、地方から都市に移り住み、かつ、職場もそれぞれ異なり始め、経済生活も各々の小家族で独自に営まれ、その経済基盤も分散し始めた。

その上、家族の経済的な役割が「生産から消費」へと移行した資本主義社会において、各々の「家」は国家社会経済の一翼を担うべき消費主体としての役割が期待された。「資本主義の分業〔体制－筆者注〕の発達により、……親族共同生活体は、生産または官職の主体としての作用を喪失し、消費団体と化し」た。「経済的共同生活を行う家族団体を経済的に保護維持させるために、……家産制度を採用し、これを運用することを戸主の主要な権利義務とすべき」である（民議院法制, 20, 3）。民法の制定過程で「家」という家族団体は、新たな経済主体としてつくり変えられようとしたのである。

さらに、家制度は、社会的にも現代家族を伝統的な宗族集団や親族とのつながりを維持させる機能があった。核家族化した今の家族は、社会において生活の場がそれぞれ分かれており、かつ経済的にも独立している。伝統的な宗族といった大きな氏族システムだけでは、ばらばらになりつつある現代家族をそれぞれにつなぎ留めることが困難になり始めた。むしろ、大宗族よりもさらに血縁の近い直系である祖父母、父母、本人夫婦、子どもおよび兄弟姉妹といった直系家族（堂内(タンネ)）を新たな宗族として再編させる方が効果的である。この役割を果たしたのが戸主制であった。これは、それぞれ分散している核家族を直系

第4章　大韓民国の建国における戸主制の持続と強化

の血縁としてひとつの血族に結びつける法的な装置でもあった。「直系家族制度と核家族制度を並行させた現行の制度〔戸主制ー筆者注〕を維持させることが、韓国社会の発展のためにより妥当なので」ある（145回・国会法制司法委員会会議録5号、20）。韓国の戸主制は、核家族と直系の血縁親族を連結させる役割を果たした（양현아 2002b, 211）。民法で規定された「家」は、このように伝統的な機能と現代的な機能とが融合した複合体であった（김성숙 외 2003, 14 참조）。韓国の伝統的な宗法制は、家制度の強化を通してその役割を現代化していったのである。

3　「伝統」の装置たる戸主制

　家制度の複合的な性格は、それと一体関係にある戸籍制度の方式にも内在していた。そこにはあるひとつの謎があった。それは、国家が国民一人一人を個人単位ではなく、どうして「家」という家族単位で登録・管理しようとしたのだろうか、という点である。

　戸籍制度の特徴は、すでに見たように国家が予め法律（民法・戸籍法）でもって家族構成の基準を設け、その基準にもとづいて全国一律に「家」というユニットごとに各国民を登録・管理するところにあった。これは、実際に居住し、生計を共にして生活している家族（世帯）とは切り離して、戸主たる家長を中心に彼と血縁や婚姻で結びつく一定の人々だけで構成される家族団体を新たに編成したのである。戸主には、家族の管理や財産に対する権限を与え、かつ家族に対する監護権限までも付与して家族内の秩序を維持させようとした。

　さらに、国民は必ずいずれかの家に所属しなければならない。

第1部　韓国における「近代戸主制」という装置とその終焉

彼（女）らに出生、認知、婚姻、離婚、養子縁組、死亡（相続の発生）など、家族の形成や家族の構成に変化が生じた場合は、国家に届け出るように義務づけられ、その変動事項を事細かく戸籍に記録し、彼（女）らの家族生活の細部にまでわたって国家の管理が行き届くようなしくみをつくった（**届出主義**）（양현아 2000a, 84）。韓国の国民登録は、戸主になるか、一般の家族員なるのかの家族構成を決定するだけでない。出生から始まって死亡に至るまで国民の各種イベントごとに登録管理するなど、家族のあり方にまで直接に規制を加えている。戸主制は国民の登録制度（戸籍）と家族制度とを直結させることで、より徹底化された国民管理を実現している。「家」制度が国家主義的な家族制度だといわれる所以がここにある。

韓国の憲法は、現代憲法として建前では家族が本来、国家から独立して、そこから干渉されることなく自ら自律的な生活空間を営むことができるように、各種の自由権を国民に保障している（憲10条、17条など）。ところが、戸主制と家制度は、個人の意思で成立する自由主義的な家族の形成とはそもそも相容れない。韓国民法の制定で戸主制などを導入したのは、それぞれの家族を個々に自律した団体としてではなく、国家の最末端の機関として国家の秩序に直接に組み入れることをねらいとしたからである。戸主は、家族の長としてだけでなく、国家機関の末端の代表者として家族構成員を監護する権限が与えられた存在でもある（양현아 2000a, 84 참조）。

その結果、国民一人一人は、「家」という法的な単位（縛り）で国家の構成要素となる（홍양희 2005, 183）。大韓民国の戸主制の特徴は、日本の明治国家と類似するように国民登録が家族単位で行われ、かつ、「家」という枠のなかで戸主という国家

第4章 大韓民国の建国における戸主制の持続と強化

の代行管理者が国民一人一人を身近に統制することにより、国家による国民管理の強度が個人単位によるよりもはるかに高まっていることである。

その上、「家」というしくみは、国家によって倫理や道徳規範まで動員することにより、国民教育をその生活の細部にまで浸透させうる効果を生み出すことができたのである。そのひとつの方法が韓国の伝統である「儒教思想」でもって国民の意識や社会を統制することであった。韓国政府は、建国初期から反共イデオロギーの一環として儒教的な文教政策を推進し、「教育法」（法律86号、1949年12月31日）にそうした理念を盛り込んだ（崔龍基1973, 107）。また、朴正熙の軍事政権期にも、「国民教育憲章」の制定や「セマウル運動（新しい村興し運動）」などで国民に対して忠孝の理念を奨励した（이제수 2007, 131-132：伊藤1996, 232）。これらは、孝の理念を基盤として祖霊祭祀を重要な社会の慣習とすることで、先祖を崇拝し、家系の継承を国民生活の基本観念とさせた。

その結果、多くの国民は、戸主制を中心とした家族制度や国家の家族政策により、その意識までも強い影響を受けた。それが、家中心に編製される戸籍制度から表れた**「戸籍意識」**といわれるものである（李庚熙 2003, 68）。つまり、戸籍に表象された「家」が、実際の家族や血族を映し出しているとの認識である。すでに見たように、現代に入って戸主制は、宗法制の核たる父系血統の継承という伝統を維持するための装置として考案され、現に機能してきた。国民の多くは、戸籍を単に国民登録という技術的な側面を超えて、族譜に近い家族の系譜が記録されたものと認識するようになった。ひとつの戸籍で構成される法律上の家族団体は、あたかも父系血統で系統づけられた宗族

であるかのように捉えられている。

　もちろん、韓国の戸主制は、形式的には日本の明治民法の家制度にその起源を求めることができる。けれども、そこには朝鮮時代の宗法的な血族意識と祭祀相続の観念とがこの制度と巧妙に結びつくことによって、戸主制がまるで韓国固有の制度であったかのように韓国の人々に理解されてきたのである（李庚熙 2003, 71）。儒林団体の幹部のことばにそのことが端的に示されている。「昔から戸主は、日帝〔日本帝国一筆者注〕が戸主という呼称だけを付しただけで、数千年にわたって受け継がれてきたわが国の固有制度」である（成均館「陳情書」2001）。従来からあった伝統文化たる宗法制は、時代の変化に対応すべく、日本式の家制度に読み替えられ、旧い制度は新たな制度に置き換えられる。すると、旧い制度の装いをした異質な制度（戸主制）は、いかにも万古不易の伝統であったかのごとく**「歴史的アイデンティティ」**が後付けされたのである（上野 1994, 130-131 参照）。戸主制は、ある研究者がいうように近現代の過程で「つくられた」歴史的構成物としての「伝統」であった（양현아 2002a, 110-111）。この制度で出来上がった「家」は、元々あった伝統の産物ではない。まさに近代家族の所産であった。

4　差別意識を生み出す戸籍制度

　しかし、その一方で、こうした戸主制という近代的な制度に「伝統性」という色合いを装飾することは、それと一体関係をなしていた戸籍制度と共に韓国社会に様々な問題を誘発した。戸籍そのものが家族にまつわる差別を生み出す制度的な温床になっていたからである（장영아 1996, 47）。韓国の戸籍は、前述

第4章　大韓民国の建国における戸主制の持続と強化

のように各戸籍官署への届出が婚姻、離婚、養子縁組などの家族法上の効力を生じさせる要件になっている（**届出主義**）。国民に届出を義務づけることでひとつひとつの家族関係の変化が戸籍に記録されることにより、戸籍の記載に正確さが担保され、その公示の信頼性が高められる。ところが、人々の家族関係の変化と戸籍の記録を精密に連動させることは、同時に国民の間に家族に対する差別意識を生じさせる装置になっていた。たとえば、戸籍は、それに記載された身分変動事項で「普通」の身分事項（正常な家族関係）と、それとは異なった人たちの身分事項（離婚歴、婚外子、養子の事実など）を区別して公示する。反共主義を掲げていた軍事政権の時代では、戸籍を通して国民のなかから危険分子（共産主義者の家系など）を探り出すことまで可能であったといわれる。

　その結果、今のように個人情報の保護が重視されていなかった過去では、人々が願い出れば、ほかの家庭が「普通」でないかどうか、問題のある家族かどうかを「戸籍」を通して容易に確認することができたのである。いわば、戸籍は、国民のなかから「欠損家族」を割り出す検索機能をもっていた（김성숙 외 2003, 70 参照）。事実婚（内縁、タブーを無視した同姓同本婚）に対する偏見、母子家庭、父子家庭および婚外子への差別、養子など、家族にまつわる差別意識は、戸籍制度を通して再生産されていた（장영아 1996, 46）。

　妻の「夫家への入籍」（旧民826条3項）も事情はよく似ていた。妻が婚姻と同時に夫側の家の戸籍に移る。いわゆる「入籍」とは、単に公簿上の記録だけに止まらない。それは実家との決別であり、嫁ぎ先の一員に編入されることを公式的に確認することを意味する。実際、多くの韓国女性は、婚姻の届出時

第1部　韓国における「近代戸主制」という装置とその終焉

に家族に対するアイデンティティの混沌や喪失を経験するという。「入籍」に対する女性の社会心理的な影響は甚大であったと指摘される（憲決2005年2月3日、2001헌가9 외）。

　家族実体法たる民法では、婚外子の保護、離婚の自由および養子制度を保障している。にもかかわらず、戸籍制度では、離婚をせず戸主を中心として夫婦と子どもで構成された「健全な家族観」を国民に強要している。それ以外の家庭は「非正常」な家族との烙印が押されるシステムになっている。最近の憲法裁判所も、戸籍を通した「家」の編製が韓国人の家族観を束縛していると判示するほどであった（憲決2005年2月3日、2001헌가9 외）。

　では、韓国政府は、なぜ、そこまで戸主制を通して家族の「伝統性」を強調しようとするのであろうか。解放後（1945年）、米ソ冷戦構造の下で北朝鮮との軍事的・イデオロギー的な対立（1950年の朝鮮戦争の勃発など）に直面した韓国では、共産主義に対抗しうる国家思想とその政策を構築する必要性に迫られていた。そのひとつが反共イデオロギーの積極的な創出であり、もうひとつが韓国の伝統である「儒教思想」でもって国民の意識や社会を統制することであった。政府は、その一環として儒教の道徳規範を家族法に導入しようとした。その最たるものが「戸主制」の法制化であった（崔龍基1973, 106-107）。朝鮮半島が南北の二つの国家に分けられた分断国家体制や北朝鮮という「敵」の存在が、単に韓国社会の存立を規定づけただけではない（김동춘 1997, 109参照）。家族制度のあり方にまで影響を与え、「戸主制」を通して韓国の人々は国家から統制されていた。国家の末端である家族にまで有事に対応できる体制を整えることで、南の韓国は反共国家として「敵」からの攻撃に備える必

要があったのである。

　米ソ冷戦構造の最前線である「北緯38度付近の軍事境界線」の存在は、皮肉にも戦前の遺物である戸主制の存続をめぐって日韓の対応が正反対に分岐してしまった。日本では、戦後、直ちに新憲法が制定され、男女不平等的な家族制度をなくすために民法（親族・相続編）が全面的に改正された。特に、戸主制を中心とした家制度が廃止された。これに対して、韓国の民法起草者は「敗戦後日本は、極端に個人主義、民主主義の主旨の下に旧制を果敢に改廃する意味から家族制度に関する規定を民法から全て削除し、それらは慣行に委ねた。……しかし、これは現実からあまりにも懸け離れた過激な立法措置であると同時に、東洋固有の美風たる家族制度を放棄するものである」と評した（民議院法制, 27-28）。植民地時代に移植された日本式の家制度は、戦後、韓国で廃止されることなく、むしろ強化された形で持続していくのである。

5　儒林団体と女性団体

　民法の制定当時に伝統思想を強化しようとした国家の動きに対して、これを背後から支える社会集団が存在していた。儒教を信奉する儒林団体がそれである。彼らは、日本の植民地からの解放後、直ちにその母体である「儒道会」を創立して、その再建を図った（1945年8月）。植民地期に経学院と改称していた「成均館」（朝鮮王朝の儒学教育機関の名称）を復活させ、国内に分散していた郷校財産を統括し、政府の支援を受けて財政の確立とその組織を再編した（金相九1997, 4, 11）。具体的には、儒道会の総本部をソウルに置き、各道に本部を設置し、区・

第 1 部　韓国における「近代戸主制」という装置とその終焉

図 8　儒林団体組織

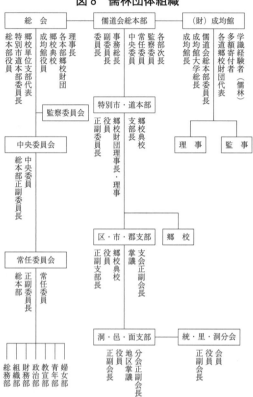

出典）崔龍基「韓国民法典と同族共同体」法律時報 45 巻 1 号（日本評論社、1973）106 頁。

市・郡に支部を設け、さらに、洞・邑・面（日本の町・村に相当）にまでも支部を置くなど、国家の行政区画単位ごとにその末端組織を全国に張りめぐらせた（図8）。一方、宗中といわれる各々の宗族本体は、先祖祭祀のみならず、血族間の相互扶助や親睦を図るために、現代に入って「宗親会」という親睦組織をソウルなどの主要な都市部に多く設けた（李光奎1990, 351）。

第4章　大韓民国の建国における戸主制の持続と強化

全国に散在している各宗親会の数多くが「儒道会」の下部組織に組み入れられているといわれている。

このようにみると、韓国社会の基礎をなす宗中（父系血族集団）は、その多数が「宗親会」を通して「儒道会」の影響を受けるようになる。儒道会を中心とした全国的な組織体は、政治的には利益団体・圧力団体として機能し、とりわけ、国政の選挙時には大きな集票力を発揮した（崔龍基 1973, 116）。

こうした儒林組織は、民法制定時に戸主制の導入に積極的な支持を表明する。のみならず、それ以降、民法の改正時に戸主制や同姓同本禁婚制の廃止が議論される度に、儒教的家族制度の守護を訴え、その廃止に反対する立場を堅持してきた。特に、儒教倫理に親和的な地方の保守勢力を支持基盤としてきたほとんどの国会議員は、伝統的な家族制度の改革に賛成すれば、直ちに次の選挙結果に悪影響が及ぶことを恐れて、自らの得票にマイナスになる民法改正にかかわらない傾向にあった。これが、戸主制の廃止を非常に長引かせてきた政治的な要因のひとつであるといわれている（金相瑢 2004b, 9）。

一方で、女性団体は、民法の制定段階から「男の支配」を可能にさせる父系血統中心の戸主制などをはじめとした家族法案に強く反対した。特に、戸主制は、本来、男系血統主義に立脚した男尊女卑の思想に基因したもので、憲法に規定する性差別の禁止原則に反するからである。

建国時の 1948 年 9 月から始まった法典編纂作業は、政府の法典編纂委員会が担当していたが、朝鮮戦争で大幅に遅延していた。その後、作業が再開され、民法（親族相続編）の草案は、1952 年にほぼそのかたちが出来上がりつつあった。その概要を知った女性団体は、同じ年にこの草案の差別条項撤廃を目的

とした陳情書を、女性問題研究所、大韓YMCA連合会など、9つの団体の名で政府の関係機関に提出した。翌53年には、この2つの団体が中心となり、さらに大韓婦人会、大韓青年女性会などの女性団体と連携して、「全国女性団体連合会」を組織し、「民法中親族相続編の制定に関する建議書」を国会および法典編纂委員会に提出した（이화분 2009, 38-39）。

しかし、法典編纂委員会で作成した民法（親族相続編）の草案には、女性界の提案が反映されることはなかった。この委員会案は、1954年9月に確定し、政府の国務会議で決議され、李承晩大統領の承認を経て、政府案となった。1954年10月に政府案が国会に提出された。その後、当時、二院制であった韓国の国会では、まず日本の衆議院に相当する「民議院」の法制司法委員会に政府案が回付され、本格的に審議に入った（이화분 2009, 41）。

女性団体は、国会の公聴会で政府案に反対表明をした。政府案によると、男性は、子どもに対する親権、妻に対する夫権のほかに戸主として家族に対する支配権（戸主権）を有する。一方、女性は、家族の成員として単に戸主に服従する義務だけが存在する。戸主たる地位は、原則として男子が受け継ぎ、女子が戸主になるのは暫定的な場合だけである。

したがって、「戸主制度の存在は、女性に対する一方的な男性の支配を意味し、男系血統を尊重し、女性血統を無視する制度である。これは男女平等の原則に反するものである」（全国女性団体連合会意見：民議院法制, 43）。これに対して、儒林団体側は、戸主制が元々、韓国の伝統的な家族制度であり、淳風美俗のものであるとして政府案を強く支持した。民法の制定をめぐって、公聴会の場でも両団体は真っ向から対立した。

第 4 章　大韓民国の建国における戸主制の持続と強化

　その後、女性団体は、自ら支持する国会議員と協力して女性の法的地位を守るための民法修正案を議員立法というかたちで国会に提案し、政府案の改善を求めた。その努力にもかかわらず、1957 年 12 月 16 日に「民法」は、政府案が国会で可決・成立し、1960 年 1 月 1 日より施行された。1961 年 5 月の軍事クーデターで国内政治が不安定になるなか、軍事政権の下でその後続措置として「家事審判法」（法律 1375 号、1963 年 7 月 31 日）の成立と家庭法院を設置することより、家族法の法整備が整いつつあった。これ以降、女性団体は、女性の地位の改善を目指して汎女性家族法改正促進会などを結成し、戸主制の廃止などを求めて民法改正運動を展開していくのである（이화분 2009, 81）。

　2008 年に戸主制が廃止に至るまでの長い民法改正の過程において、戸主制や同姓同本禁婚制の存廃をめぐる儒林団体と女性団体の対立は、まさに「男権と女権の対立」の様相を呈するほどに激しさを極めていった（郭東憲 1983, 17）。

第5章　権威主義体制下における
　　　　戸主制の功罪

1　権威主義体制下での戸主制の機能

　韓国は、建国期に李承晩政権が発足してから大統領中心の権威主義体制が続いた。1961年5月の軍事クーデターによる軍事政権の出現は、権威主義体制の頂点を極めたといわれる。というのは、この政権は、経済的に困窮していた当時の状況を克服するために、国家経済の発展を第一の政策目標に掲げ、その進展の指標を通して政権の正統性を高める戦略を採り、一定の成果を収めたからである。いわゆる**「開発独裁体制」**である。それ以降、「圧縮近代」と象徴されるように、韓国は短期間で急速な高度経済成長を成し遂げた。戸主制を根幹とした家族制度も、権威主義体制の下で韓国社会において次のような機能を営んでいたのである。

　まず、すでに詳細に検討したように戸主を中心とした戸籍上の「家」に国民のすべてを例外なく組み入れることで、彼（女）らに対する徹底した国家管理が可能となった。戸籍制度の目的は、国民の範囲を確定し、それ以外の者（外国人）と区別することにより、単に国内の治安を維持したり、国家統治を安定させることだけではない。「戸籍」で国民の家族関係（重婚、同姓同本婚、近親婚および異姓不養など）を規制することによって、家族や親族秩序にまで国家統制を及ぼすことができる

第5章　権威主義体制下における戸主制の功罪

ところにその特質がある（利谷ほか 2005, 4-5 参照）。国家は、戸籍上の「家」を通して国民一人一人をより細部にわたって管理することができるのである。

　また、疾病、失業、貧困および高齢者の介護など、本来、国家が担うべき福祉厚生機能を「家族」が代行していた（**家族の相互扶助機能**）。「わが国のような国は、事実、社会保障制度があまり整っていないために、家族制度が事実上、社会保障制度の役割を代わりに担っていた」（244 回・国会法制司法委員会会議録1号、22）。その負担は、「家族介護」の主な担い手である女性に伸し掛かった。戸主制は、男性一人に家長の権威を与えることにより、家庭内で女性をコントロールすることができる。さらに、家庭内の性別役割分業を固定化することで国家が負担すべきはずの社会保障制度のあらゆる領域において、その相当部分が女性の家事労働によって賄われていたのである（양현아 1999, 234-235）。

　さらに、この家族制度は、当初、資本の乏しかった韓国経済にとって血縁共同体に家産を集中させることにより、農業、商工業での家族的経営（セマウル〔新しい村興し〕運動や財閥企業体など）を可能にし、高度の経済発展に寄与した。宗族たる血縁共同体は、単に先祖祭祀を中心とした宗教的な機能だけではない。次のような経済的な機能を営んでいたとされる。すなわち、宗族の構成員は、宗家を中心とした「血」の結束力によって相互に連繋し、冠婚葬祭はいうに及ばず、各構成員が営む事業などにも資本や労働で協力し合う。さらに、困窮している構成員の生活扶助、就職や進学を希望する構成員には、就職を斡旋したり、奨学金などを支給し合う。各構成員にとって宗族は、自らの生活を保障してくれる場でもある。宗族は、各構成員の

生活を支えてくれる、いわば**生活共同体**なのである（岡1999, 203-204）。伝統社会の下で機能していた宗族が、現代の経済システムにも組み込まれて、韓国社会で基礎的な社会集団として長く存在することができた根拠がここにある。

2　海外養子の問題と養子制度

(1)　海外養子とは？

　戸主制が制度化することや宗中団体が再編されることで父系の血縁家族が主体となり、そこから生み出される「血」の結束力は、韓国の人々にとって家族や血族の基盤を強化しただけではない。戦後、分断国家体制の下において朝鮮戦争など、北朝鮮との激しい対立のなかで混乱に陥っていた韓国社会を立て直し、国民経済までも復興させる原動力にもなった。当時、翻弄されていた大韓民国にあって韓国の人々を支えてきたのは、自ら一人一人を血で結びつけてくれる血縁共同体の存在である。韓国にとって「血縁」は、まさに社会のセーフティネットとして重要な役割を果たしていた。ここに韓国が「**血縁社会**」たるゆえんがある。

　しかし一方では、戸主制による「血」の原理の強調はある副作用を伴っていた。それは「血統からの疎外問題」である。父系血統によって血族や家族の「内」でその構成員を強く凝集すればするほど、その「外」ではその血筋にかかわれない人々がその集団から取り残されたり、排除されやすくなる。その典型例が父親のはっきりしない孤児や父親が外国人である混血児らである。戦争孤児や、未婚の韓国人の母から生まれた子どもたちは、父親がだれであるかが不明であり、帰属すべき血族が定

第5章　権威主義体制下における戸主制の功罪

まらない。混血児の場合は、父親が韓国人ではないのでそもそも韓国の血族に所属すべき根拠がない。せいぜい母の家やその血族に所属するほかにない（旧民781条2項）。仮に母の家族のメンバーになりえたとしても、父の血統が不明か異なるので、正式な家族と認められにくい。韓国内では、彼（女）らを容易に受け入れられる家族状況ではなかった。むしろ、海外に養子として彼らを迎え入れてくれる国を求めるほかになかった。いわゆる、**海外養子の問題**である。

　この問題の発端は、1950年に勃発した朝鮮戦争であった。同じ民族でありながら、北と南とで激しい戦闘が繰り広げられた。父母、兄弟や親族をなくしたり、彼（女）らと生き別れになった戦争孤児が多く生み出された。かつ、米軍兵士と韓国人女性との間には、アメラジアン（Amerasian）の子どもたちが生まれた。彼（女）らの多くは韓国で生活の場を失っていた。戦争が終結した後に父である兵士が一人本国に帰り、母と子だけが韓国に取り残される事例が増えたからである。韓国社会では、こうした子どもたちをどのように受け入れ、養育していくのかが問題となった。この時期、戦争で困窮してしまった韓国人の多くは、自らの生活で精一杯なために、他人の子どもまでも養育する経済的かつ精神的な余裕がなかった。韓国政府としても、国内で子どもたちを収容できる施設の数やその能力に限界があったことから、彼（女）らを受け入れてくれる場を国外に求めるほかになかった。それが「孤児養子縁組特例法」（法律731号、1961年9月30日）の制定であった。国家として海外養子を奨励し、外国への養子縁組が法的に容易に行えるようにしたのである（김진 1973, 124）。

　ところが、戦後の復興もある程度進み、主に財閥を中心とし

表6　韓国の年度別・国内外養子縁組の件数

	養子縁組の計	国内養子縁組の数	海外養子縁組の数
58～60年	2,700	168	2,532
61～70年	11,481	4,206	7,275
71～80年	63,551	15,304	48,247
81～90年	91,824	26,503	65,321
1991年	3,438	1,241	2,197
1992年	3,235	1,190	2,045
1993年	3,444	1,154	2,290
1994年	3,469	1,207	2,262
1995年	3,205	1,025	2,180
1996年	3,309	1,229	2,080
1997年	3,469	1,412	2,057
1998年	3,869	1,426	2,443
1999年	4,135	1,726	2,409
2000年	4,046	1,686	2,360
2001年	4,206	1,770	2,436
2002年	4,059	1,694	2,365
2003年	3,851	1,564	2,287
2004年	3,899	1,641	2,258
2005年	3,562	1,461	2,101
2006年	3,231	1,332	1,899
2007年	2,652	1,388	1,264
2008年	2,554	1,304	1,250
2009年	2,439	1,314	1,125
2010年	2,475	1,462	1,013
2011年	2,464	1,548	916
2012年	1,880	1,125	755
2013年	922	686	236
2014年	1,172	637	535
2015年	1,057	683	374

資料）　韓国・保健福祉部の統計数値による。

た企業体と国家との連携によって1970年代から80年代にかけて、韓国はアジア新興工業国（NIEs）として目覚ましい経済発展を遂げた。「漢江の奇跡」と称賛され、また「四つの龍」（韓国、香港、シンガポール、台湾）のひとつとして取り上げられる

ほどであった。社会全体にも経済的な余力が出てきた時期である。にもかかわらず、海外養子は減ることなくむしろ大幅に増加する傾向にあった(**表6**)。「海外養子輸出国」や「海外養子輩出国」という名称が使われだしたのもこのころであった。その要因としては、まず当時の軍事政権が海外養子の奨励を含め、国内で人口抑制政策を推進していた点にある。国民の人口増加に歯止めをかけるために、彼(女)らに家族計画を促し、産児の数をできる限り抑える政策に積極的に取り組んでいた(**出産抑制政策**)。1983年の「一人っ子運動」はその典型である(金香男 2010, 83)。

その一方で、多産のために、父母が育てたくても養育できる許容限度を超えてしまっていることから、わが子を手放さざるを得ないケース。また、未婚の母から生まれた子どもたちが、その母に養育されないケースが増えていた。政府は、社会で海外養子の問題が指摘されるや一転して1976年に前述の孤児特例法を廃止し、新たに養子縁組特例法を制定することで国内養子を活性化させようとした。けれども、実際は、なお海外養子に多くを頼らざるを得ない状況にあったのである。

(2) 韓国の普通養子制度

韓国では、未婚の母に養育されない子どもなどについてどうして国内で養子として受け入れられることが難しいのであろうか。その原因は、一般的に韓国人の家族や血族に対する血統意識が強いためであると指摘される。家族の本質を自らの父系血統に求める韓国人の多くは、その血筋ではない子どもをその家族のメンバーに迎え入れることが容易ではないのである(이선우 2007, 80참조)。それだけではない。より制度的な問題性を孕

んでいた。すなわち、家族法で規定した養子制度そのものが、子どもたちを韓国の家族や血族から疎外させる制度として機能していたのである（윤택림 2005, 71-72）。父系血統を重んじる**血縁社会**では、その血族を維持するためにその血筋を受け継いでくれる「跡継ぎ」（とりわけ、長男）の存在が必須である。血族に子（特に長子あるいは男子）がいないのは、その血統が途絶えることで血族の衰退を招くことになる。この場合、他人の子どもを自分の子どもとして迎え入れる制度が必要であった。これが養子制度である（金疇洙 1993, 345 参照）。

韓国家族法のそれは、実の父母との親子関係を維持しつつ、養親との親子関係をも法的に生じさせる不完全養子制度である。ヨーロッパのように養子縁組が結ばれれば、今までの実の親子関係が終了し、養親との親子関係のみが成立する場合とは異なり、韓国の養子制度は二重に親子関係が成立する。日本の普通養子制度とほぼ同じである。養子縁組後、養子は養親の家（戸籍）に入籍し、養親の戸籍には実子（婚内子）と区別されて「養子」と表記され、養父母の姓名のほかに実の父母の姓名も併記される（旧民783条、戸66条1項2号）（図6：本書第1部第2章3参照）。養子の事実や実の親の存在が公簿上で明らかになる。

日本と異なるのは、養子の姓と本の扱いである。日本の場合、養子の氏は養親のそれを受け継ぐ（日民810条）。ところが、韓国では養子の姓と本は、実父のそれに従うのであって、養親の姓と本に変わるのではない。姓と本とは、日本のような家族の名称ではない。それは、すでに述べたように自らが所属する父系血族の名称であり、個人における血族の帰属を明らかにする標識である。したがって、姓と本は、一生涯、変えてはならな

第5章 権威主義体制下における戸主制の功罪

いものとされる(**姓不変の原則**)。民法上でも、父母がすべて不明で、法院によって姓と本をその子に便宜的に付けた場合を除いて、その変更を厳格に制限してきた(旧民781条3項)。血族への出自が明確なときは、必ずその血族の名称を名乗るように法的に強制している。それゆえに、養子の姓と本は、養子縁組によっても変わらないのである。もちろん、この養子制度では、法律上、孤児など、ほかの血族の子どもを養子にすることを禁じてはいない。

ただし、家の長たる戸主の地位を養子に相続させる戸主相続の場合は、とりわけ養子に対して厳格な要件があった。それは、養子が必ず養父と同じ父系血族の者でなければならないということであった(旧民877条2項、1990年の改正で削除)。宗法制のルールがそのまま民法で立法化したのである。実際、父方の「血筋」を何よりも大切に思う宗族(宗中団体)では、長年の慣習上、跡継ぎは同じ父方の血筋を引いていることが条件になる。子どもがなく養子を必要とする場合でも、同じ血族の子息のなかから自らの養子として迎え入れることになる。姓と本の異なる者——ほかの血族の者——は養子にできないという「異姓不養の原則」がそれである。それ以外にも死後養子の制度(旧民867条)や遺言養子の制度(旧民880条)を設けることで、本人が死を迎えたとしても確実に先祖祭祀を司る子孫を確保することができるしくみをつくったのである。それは、どこまでも父系血族の存続を図るためである(青木1992, 47)。韓国の養子制度は、このように血族や家を永続させるところに第一の目的があった。今もこうした目的で養子制度が機能している側面がある。

(3) 養子制度の実態

　実際、韓国社会では、養子縁組で子どもを持とうとする親は、その縁組の事実が外部に知れ渡ることを嫌い、養子があたかも実子であるかのように装おうとする傾向がある（金容璿 2002, 155）。人々の血統や出自をとりわけ重要視する社会の雰囲気のなかで、養親たちは養子に対する世間からの差別や子どもの出自に関するアイデンティティを考えて養子の事実を隠そうとするからである。制度的にも、すでに述べたように戸籍に養子の事実が記載され、かつ、日本と異なり子どもの姓と本は養親のそれを受け継がれずに実親のままである。国民登録上、養子の事実が社会で明らかになる可能性があるだけではない。それ以上に、養親の多くは、養子との姓と本の違いからその事実が世の中に容易に知れ渡ることを最も心配する。

　したがって、彼らは、養子の事実とその姓と本の違いを隠すために、養子縁組届をする代わりにあえて実子として出生届をするケースが多い。いわゆる「隠れ養子縁組」(**虚偽の出生届**)である。日本でいう「藁の上からの養子」である。日本でもこの出生届の法的効力が問題になっている。韓国の裁判例では、虚偽である以上、出生届は無効であるけれども、日本の裁判例と異なり養子縁組としての効力は認めようとする（**無効行為の転換**）（윤진수 1991, 445）。つまり、虚偽の出生届であったとしても、養子と養親との親子関係は法的に認められる場合がある。

　しかし一方で、隠れ養子は、嬰児売買を誘発する温床になっていると指摘される（金容璿 2003, 7）。養子の事実を隠しておきたい養親の気持ちを利用して、養子を斡旋するブローカーまで存在する。産婦人科などから未婚の母や経済的な理由で養育できない乳児を秘密裏に養子としてほかの親に引き渡すのであ

る。そこで金銭の授受が行われる（**嬰児売買**）。「児童の福利を目的とした養子制度」が存在しなかった裏返しとして、こうした事例が横行している。養子制度の不備が、嬰児の裏取引を引き起こす誘因になっているとされる（金容璆 2003, 7-8）。

「隠れ養子」の問題は、現行の養子制度を形がい化させるだけではない。養子が今まで自ら実子だと信じ切っていた後に養子の事実を知るようになれば、そこから起こるアイデンティティの混乱がよく指摘される。また、その子は実の父母を知る手がかりをなくすだけでなく、実の親がだれであるのかを知る権利を侵すことになる。本人が遺伝的な病気を患ったり、骨髄移植などが必要な場合、その治療のために実親を探す必要がある。にもかかわらず、それができなくなる可能性がある。研究者からは、韓国の養子制度があまりにも家制度の維持に重点が置かれ過ぎており、身寄りのない子どもたちに対する一般の家庭への受け入れを困難にさせていることが指摘される（金容璆 2003, 2-3）。子どものいない夫婦で子どもを欲しがっているカップルもいることから、他人の子どもをわが子として容易に迎えることができるように、養子のしくみを変えることが望まれていた。それが、後で扱う特別養子制度の議論である。

(4) 海外養子と特例法

以上のように、韓国の養子制度は、あくまでも血族や家の継承のためにその後継者を確保するところに主な目的があった。「子どもの福利」のための制度にはなっていなかった。もちろん、法律上は、血族の異なる子どもを養子にすることは可能であったとしても、血族意識の強い韓国の家族観念の下では彼（女）らを自らの家族や血族のメンバーに迎えることに躊躇す

る人々が多い。外国人の父をもつ混血児や父親のはっきりしない孤児などは、当時、「血」という原理で韓国社会から容易に疎外されやすい状況に置かれていたのである。

韓国政府としても普通養子制度の閉鎖性のために、養子の多くが海外養子へと送り出される問題の深刻さを考慮して、次のように暫定的な法律を制定した。「養子縁組特例法」(法律2977号、1976年12月31日)の成立がそれである。この法律は、児童福祉施設などの保護施設で保護を受けている18歳未満の子どもなどについて、国内養子あっせん機関の役割を強化するなど、国内で養子縁組が多く結ばれるようにした(同法2条)。この場合、養親が願い出れば、その子の姓と本は養父のそれに変更することができる(同法7条1項)。姓不変の原則に対する例外までも認めた。ところが、養子縁組後は、従来の普通養子制度と同様に実の父母の姓名や養子の事実が戸籍に記載される。公簿上にこうした事実が明らかになることから、これを避けるために虚偽の出生届がなお横行した(田中2013,11)。その後も、この特例法は、「養子縁組の促進及び手続に関する特例法」(法律4913号、1995年1月5日)という名称で全面改正され、国内養子の法的な環境が整備されつつあった。

こうした一連の特例法の動きは、海外養子を少しでも減少させ、国内養子を促進させるための法制化である。けれども、特例法の成立によっても、海外養子は減ることがなく養子制度の問題を抜本的に改善するまでには至らなかったのである(ただし、戸主制の廃止後は、2011年の特例法の改正で国内養子のあり方が大幅に見直された。その結果、最近は海外養子の件数が減少する傾向にある〈表6〉)。

第6章　家族形態の変容と家制度の終焉

1　グローバル化する韓国の家族

⑴　外国人労働者と国際結婚

　2005年の民法改正で戸主制の廃止が決定されたことは、長年、女性団体を中心として展開してきた民主化運動やフェミニズム運動の成果ではあった。しかし、戸主制の制度麻痺は、「内」からだけでなく「外」からも生じた。80年代ごろから韓国に外国人労働者が入ってきて、韓国人との国際結婚が増え始めたことが、従来から守られてきた血縁家族に国外からの「血」が混入する契機となった。

　韓国では戦後、短い期間で急激な経済発展を成し遂げた。その一方で、その発展に対応するための労働力の需要に追いつくことができず、国内では徐々に人手不足となっていった。特に、高学歴社会の進展に伴って、肉体労働などのブルーカラーの職（3K）に就く韓国人が減少する傾向にあった。人手不足でこの職種を担ってくれる人材を海外に求めざるを得なくなったのである。東南アジアを中心とした**外国人労働者**たちがその主な担い手になった。ただし、その多くは、観光ビザや研修ビザで入国した後、目的外の就労やオーバースティで不法に残留している人々である（図9）。当初は、一定の就労期間だけ韓国に滞在し、ある程度、稼いだら、本国に戻る出稼ぎ型が主流であった。ところが、次第に韓国に定住する外国人が増え始めた。韓国に

図9　韓国のビザ類型別外国人労働者の推移（単位：人）

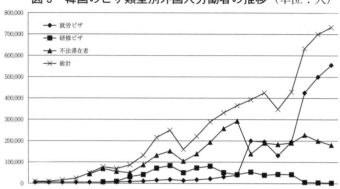

出典）佐野孝治「外国人労働者政策における『日本モデル』から『韓国モデル』への転換——韓国における雇用許可制の評価を中心に——」福島大学地域創造22巻1号（2010年）39頁より。

生活の本拠を求めたのである。これに伴い、外国人の男性と韓国人の女性とが結婚する機会も多くなった。その数は、1997年の国籍法の改正時に約3800組に達したといわれている。このころにある法律上の問題が提起された。それは、父が外国人で母が韓国人の間から生まれた子どもたちの国籍問題である。

子どもたちは、韓国で生活するためにこの国の国籍を取得する必要性が高まっていた。にもかかわらず、当時、韓国国籍を取得するには、その要件として父が韓国人でなければならなかった（旧国籍法2条1項1号）。その結果、子どもたちは、外国人という法的地位が強いられた。というのは、国籍取得における**父系血統主義**が法的な障害となっていたからである。彼（女）たちには韓国国籍がないので、このころは、小学校への就学年齢に達しても正規の教育機関で学ぶことができなかった。のみならず、国民健康保険など、内国人を対象とした社会保障制度は、まだ定住外国人にまでその給付が及ばなかった時期で

ある (185回・国会本会議会議録16号付録9)。このような家族の数は、おおよそ2000組程度にもなると報じられた。

1997年改正前の「国籍法」(法律16号、1948年12月20日) は、父が韓国人でありさえすれば、その子の母がたとえ外国人であったとしても子どもに韓国国籍が与えられる。ところが、子どもの父が韓国人でなければ、たちまちその国籍取得が不安定になる (旧国籍法2条1項)。父が外国人の場合は、たとえ母が韓国人であったとしても、その子には韓国国籍が認められなかった。1984年12月に韓国政府は、女性差別撤廃条約を批准した。ただし、国籍取得における**父系血統主義**を維持するために、子の国籍について男女の差別を禁止している同条約9条2項の適用を長く留保してきた。

ところが、その後、国際社会において人権保障の面でグローバル化が進むにつれ、韓国政府は人権保障の国際基準を意識しながら、国内の基本権保障の政策を推進するようになった (윤진수 2005a, 91-92)。その結果、1997年の国籍法改正は、主にこの条約の留保状態を解消して、母が韓国人の場合にもその子に韓国国籍を与える**父母両系血統主義**に変更した (現2条1項1号) (奥田ほか 1999, 52-53)。2000年の憲法裁判所の決定においても、1997年改正前の国籍法に規定された父系血統主義については、出生による国籍取得を男系血統に限定していることから両性の平等に反すると判示したのである (憲決 2000年8月31日、97헌가12)。

(2) 父母両系血統主義の採用と変則的な民法の改正

1997年国籍法の改正で父系だけでなく母系も尊重されたことは、単に国籍の次元だけでなかった。戸籍や家制度のあり方

第1部　韓国における「近代戸主制」という装置とその終焉

にも影響を与えたのである。今回の改正国籍法が施行された1998年6月から外国人父と韓国人母から生まれた子どもにも韓国国籍が認められるようになった。これに伴い、国民登録上、この子に対する戸籍登録の方法が問題になった。本来ならば、子の父が明らかなときは、子は父の戸籍に入り、父の姓と本にしたがうようになっている（旧民781条1項）。ところが、父は外国人であり、韓国の国籍がない以上、彼に韓国の戸籍は存在しない。そこで、この場合の子に対する戸籍の登録、姓と本の取扱いが問題になった。

1997年の改正で国籍法附則8条は、民法781条1項に但書を付し、「ただし、父が外国人であるときは、母の姓及び本を継ぐことができ、母の家に入籍する」という規定を定めた。問題はこの規定の仕方が変則的だということである。つまり、国籍法の改正でほかの法律である民法の規定を変えているのである。通常、民法の改正手続によらず、他の法令の改正で民法の一般原則に例外を設けることは、立法技術上の問題だけでなく、民主主義の原則からも望ましくない。しかも、附則という形式で本則の例外規定を定めるのは一種の弥縫策であるとされる（奥田ほか 1999, 42）。

だからといって、姓と本の問題について正面から民法の改正を行おうとすれば、この時期に民法の改正論議で戸主制や同姓同本禁婚制の廃止をめぐって敏感になっていた儒林団体などの保守勢力によってさらなる反対運動が起こる可能性があった。そうなれば、国籍法の改正そのものが危ぶまれるとの認識が政府当局にあったようである。その理由は以下のとおりである。

韓国において「姓と本」は、父系や男系血統への所属を表示するシンボルである。たとえ外国人であろうと、父親の血筋が

明らかであれば、子は父の姓にしたがわせるべきである。にもかかわらず、あえて法律で韓国人たる子どもに母方の姓と本を名乗らせることは、こうした男系血統主義を根幹とする宗法制の原則をないがしろにすることになるからである。当局者は、こうした保守団体の反対の可能性を危惧して、民法781条1項の例外規定を国籍法の附則で定める変則的な方法を採ったのである（奥田ほか1999, 42）。

　子が韓国の国籍を取得して、この規定で父との親子関係が明確な場合でも、父が外国人のときは、子は母の戸籍に登録され、母の姓と本にしたがうことができるようになった。もちろん、希望すれば外国人父の姓を継ぐことも可能である。ただし、子どもが韓国で生活をするときは、外国式の姓名は本人にとって不便であり、学校生活や社会生活を営む上で支障をきたすこともありえるので、上のような方法を採ったのである。

　1997年の国籍法の改正は、単に国籍上、父の血統のみならず母の血統をも考慮されるようになっただけではない。戸籍を中心とした家制度でも、母系血統の姓を子に引き継がせることができる道が開かれたのである。今回の国籍法の改正は、子どもの出自で母系の血統を重んじる契機になると女性団体側でも高く評価したのである。

(3) 外国人の「嫁」と偽装結婚

　1997年に国籍法の改正を推進させたもうひとつの社会的な要因があった。それは、同じ時期に中国国籍の朝鮮族女性による偽装結婚が急増したことである。韓国は、国家体制の異なる社会主義の中国とは長く国交がなかった。ところが、1990年代に米ソ冷戦構造が瓦解し、かつ、中国は改革開放政策で市場

第1部　韓国における「近代戸主制」という装置とその終焉

経済システムを取り込もうとしていた。新たな貿易相手国になりうるとの期待から韓国は、1992年にこの国と国交を結んだ。これを契機に朝鮮族の多くの人々が、経済発展の著しい母国たる韓国に訪問しようとしたのである。

　この時期、韓国国内では、都市生活の快適さや便利さに慣れてしまった韓国人女性の多くが、農作業や漁業の仕事の大変さから農村と漁村に嫁ごうとしないという問題があった。いわゆる、「地方の嫁不足」問題である。これを解決する方法として朝鮮族の女性が韓国の農村や漁村男性と結婚するケースが多く見られるようになった。外国人女性のうちでも同じ民族であり、韓国語が堪能で意思疎通にこと欠かないからである。彼女らが韓国人男性と交際する機会が増加するに伴って、一方で偽装結婚の事件が発生していた。

　1997年改正前の国籍法では、韓国人男性と婚姻した外国人女性に対して、婚姻と同時に韓国国籍を自動的に付与していた（旧法3条1号：**夫婦国籍同一主義**）。朝鮮族女性のなかには、この制度を利用して、韓国国籍を取得する目的で韓国人男性との婚姻届を提出し、実際には夫婦生活を営まない人々がいた。韓国の国籍を取得しつつ、韓国での就労の機会や経済活動を広げることがその主な目的であった。韓国国内や中国では、彼女らを相手に偽装結婚を斡旋するブローカーまで出現し、当事者が警察当局に検挙される事件が起こっていた。韓国政府も、この問題を憂慮して、朝鮮族女性の偽装結婚を食い止めるために1997年の国籍法改正で婚姻による国籍取得の規定を廃止した。それに代わって、韓国国民と婚姻した外国人は、男女の区別なく韓国に一定の期間、居住する条件を緩和した帰化手続で韓国の国籍を取得できるようにした（現6条2項：**簡易帰化手続**）

第6章　家族形態の変容と家制度の終焉

図10　韓国の国際結婚の件数

資料）　韓国統計庁「報道資料・2015年婚姻・離婚統計」（2016）の数値による。

表7　韓国における国籍別外国人との婚姻件数　　　　　　（単位：件数）

年	2007	2008	2009	2010	2011	2012	2013	2014
韓国人男性と外国人女性とのカップル	28,580	28,163	25,142	26,274	22,265	20,637	18,307	16,152
ベトナム	6,610	8,282	7,249	9,623	7,636	6,586	5,770	4,743
中国	14,484	13,203	11,364	9,623	7,549	7,036	6,058	5,485
フィリピン	1,643	1,857	1,643	1,906	2,072	2,216	1,692	1,130
日本	1,206	1,162	1,140	1,193	1,124	1,309	1,218	1,345
カンボジア	1,804	659	851	1,205	961	525	735	564
アメリカ	376	344	416	428	507	526	637	636
タイ	524	633	496	438	354	323	291	439
その他	2,079	2,023	1,983	1,858	2,416	2,116	1,906	1,810
韓国人女性と外国人男性とのカップル	8,980	8,041	8,158	7,961	7,497	7,688	7,656	7,164
中国	2,486	2,101	2,617	2,293	1,869	1,997	1,727	1,579
日本	3,349	2,743	2,422	2,090	1,709	1,582	1,366	1,176
アメリカ	1,334	1,347	1,312	1,516	1,632	1,593	1,755	1,748
カナダ	374	371	332	403	448	505	475	481
オーストラリア	158	164	159	194	216	196	308	249
その他	1,349	1,315	1,316	1,465	1,623	1,815	2,025	1,931

出典）　韓国統計庁「報道資料・2014年婚姻・離婚統計」（2015）12頁による。

第1部　韓国における「近代戸主制」という装置とその終焉

(奥田ほか 2014, 62)。

　近年、国内での婚姻件数が減少の傾向にありながらも、その一方で国際結婚は急増している。ただし、最近は2005年のピーク時から比べると、ほぼ半減している。とはいえ、国際結婚は今なお2万組程度が結ばれている (**図10**)。その特徴は、外国人女性が韓国人男性と結婚するケースが、外国人男性と韓国人女性との結婚よりも圧倒的に多いことである。今日でも地方における嫁不足は深刻な状況にあることから、異国の女性がその担い手となっている。最近では、ベトナムやフィリピンなど、東南アジアの女性が韓国の農村や漁村などに嫁ぐケースが増えている (**表7**)。家族のグローバル化は、「多文化家族」の名の下に都市のみならず、地方の農家や漁村にまで急速に進行している。今や韓国は、「単一民族国家」というのはほぼ神話になりつつある。韓国に「結婚移民」した外国人女性や外国人労働者などの急増で、定住外国人が韓国社会の新たな構成員として認知され始めているからである。

2　法による家族制度の「民主化」と伝統性

(1)　家族制度の「民主化」と憲法裁判所

　韓国における権威主義体制は、国民一人一人を戸籍の名の下に「家」単位で管理していた。国家は、国民登録と家族制度を結合させながら、国民を家族生活の細部にわたってコントロールすることが可能であった。しかも、家制度が植民地時代に日本から持ち込まれてきたとの「外来的」な性格を弱めるために、朝鮮伝来の儒教という「伝統」を殊更に強調することで、この制度が韓国で古くから存在していたとの制度的な「固有性」を

第 6 章　家族形態の変容と家制度の終焉

醸成した。

　しかし、それは同時に、すでに見たように父系血統が極端に強調されることで女性や子どもを差別してしまう制度的な排他性を孕んでいた。かつ、時代の進展と共に国際結婚など、家族がグローバル化することにより実際の家族形態も多様に変化していくなかで、特定の家族モデルにこだわる戸主制はその多様化に対応しきれずに、ついに制度の廃止へと至るのである。特に、その廃止に至らせた要因のひとつは、以下で説明するように家族制度に対する「民主化」の動きであった。

　韓国社会の現代化のプロセスは、単に軍事政権による政治体制から民主的なそれに変革していく政治的な「民主化」だけではなかった。それは、さらに家族制度への民主化をも伴っていた。この国では、戸主制の改革こそが「家族の民主化」の核心だとよくいわれる。ただ、「民主化」とは、一般的に政治制度や政治過程で使用されるキーワードで、家族の領域にまで使うことに多少の違和感を覚える。が、戸主制は、戸主一人によって家族に対する権威的な支配関係がつくりだされる一種の家父長制である。いわば、権威主義体制を縮図としたミニマムな家族型の権威主義であった。

　したがって、韓国では、権威主義体制から民主主義体制へと変革していく政治過程を示した「民主化」という用語に擬えて、戸主による家父長的な家族支配から妻、娘などの人々を解放させ、家族のメンバーをすべて平等な立場に位置づけるような家族制度の改革を指して**「家族の民主化」**といわれている。言い換えれば、ここでいうところの民主化とは、戸主制たる「家父長制」の見直しなのである。その代表的な例が、以下に見られる韓国のフェミニストたちによる戸主制の廃止運動であった。

115

第1部　韓国における「近代戸主制」という装置とその終焉

　同姓同本禁婚制や戸主制は、すでに見たように、民法の制定のときから女性団体や一部の民法学者によって両性の平等に反するとしてその導入が強く反対されてきた。かつ、民法の改正の度にそれらの廃止が唱えられた。そのひとつの表れが1977年の民法改正である。このとき、女性議員を中心にこれらの制度の廃止が国会に提案された。しかし、この提案は成立しなかった。

　ただし、同姓同本婚（同じ父系血族同士の族内婚）をしているカップルを救済するために、彼らの結婚を法律上の婚姻として認定すべく、1年間の限時法ではあるが、一定の期間にこのカップルたちの婚姻届を受理する「婚姻に関する特例法」が制定された（法律3052号、1977年12月31日）。この立法措置は、同姓同本禁婚制で苦しめられている男女の多くを法的に保護しつつも、他方で同姓同本禁婚制そのものを存続させて伝統的な名分を頑なに守護しようとした妥協の産物であった。その原因は、多数決民主主義の支配する政治の「場」では女性団体を含めてその制度に反対する勢力が常に少数に止まっていたからである。当時、法律制定の主導権を握っていた政府と国会は、伝統という名の下に父系血統主義を堅持しようとする男性中心の保守系国会議員で議席の多数が占められていた。結果的に、彼女らの意見は、政治の量的な側面である「議席の数」で評価されてしまったのである。

　ところが、1987年に起こった政治の民主化と共に憲法が改正されてから変化の兆しが見え始めた。それは、**憲法裁判所による違憲審査制**が設けられたことである（憲111条以下）。この制度の成立より、司法機関に対して国会の立法活動を法的に統制することができる権限が直接に付与されたことで、従来の

第6章　家族形態の変容と家制度の終焉

「家族伝統」に対する政治力学に質的な転換をもたらした。

　もちろん、建国時（1948年）に近代憲法が制定されて以来、形式的には国民への基本権の保障と違憲審査制が規定されてはいた。しかし、現実の権力に対して規制を加える違憲審査制の装置は、実質的に機能しないよう政治的に仕組まれていた。大統領を中心とした統治者側にとって、この装置は自らの権力行使に最も障害となる存在だからである。李承晩や朴正熙などの権威主義時代から憲法の核心的な制度は長く封印されてきた。たとえば、72年憲法（維新憲法）では、違憲審査制の機能を停止させるために、今まで司法府の最高法院たる大法院で行われていた付随的違憲審査制に代えて、憲法委員会を新たに設置し、さらにこの委員会を休眠機関へと追いやった。司法府の違憲審査権限は事実上、骨抜きにされた。当時、憲法は単に時の権力者に対して正統性を付与するための意味でしか機能しなかったのである（**名目的な立憲主義**）。

　けれども、87年憲法で憲法裁判所が設置されたことにより、国家権力に対して名実共に司法統制を行うことができるようになった。まず通常の一般法院から独立して独自に憲法裁判のみを実施する特別裁判所がつくられた。60年憲法でとん挫していたドイツ型の憲法裁判所制度が導入されたのである（**憲法裁判所型違憲審査制**）。この裁判所で下された決定については、国会を含め公的機関を法的に拘束することができる（憲法裁判所法47条1項）。特に、法律に対する違憲や憲法不合致の決定は、当該法律を失効させる効力を有するだけではない。国会に対して憲法に反しないように法律の改正を含めた立法措置を講じるように命じることができる（鄭宗燮2002, 319）。韓国で真に「立憲主義」が機能し始めたのは、この裁判所の発足による87

年憲法体制が出来上がってからだといわれるほどである（鄭宗燮 2003, 44）。この憲法体制の成立を契機として、名目的な立憲主義から実質的なそれへと質的な転換が図られた。**法的な意味での「民主化」とは**、まさに外見的な立憲主義から実質的な立憲主義への変革過程であったといえよう。

(2) 同姓同本禁婚制に対する違憲決定

1990年までの民法改正では、すでに見たように戸主制や同姓同本禁婚制など、男系血統優先の伝統家族制度のあり方をめぐって保守勢力と女性団体との間で男女の利害関係が複雑に絡み合っていた。政治過程では、この問題を収拾する目処がほぼつかなかった。その決着は、憲法訴訟という司法過程の「場」で図られた。女性団体は、最後の手段として法的な合理性の観点からこれらの制度の不当性を憲法裁判所に訴えて、憲法の規範的な力でその制度の廃止を国会に働きかける方法を採った。以下で見られるように、家族法の分野だけを見ても、父権主義的な強制力を弱め、女性や子どもの権利が回復するように憲法が機能し始めたのは、87年憲法の成立後、憲法裁判所が活動し始めてからである。

その直接の契機となったのが、1997年の同姓同本禁婚制に対する憲法裁判所の違憲決定である。憲法裁判所は、同年7月にこの制度を定めた民法809条1項に対して、裁判官9名のうち、7名の多数意見（単純違憲5名、憲法不合致2名。ほか2名が反対意見）にしたがい憲法不合致という事実上の違憲判断を下した（憲決1997年7月16日、95헌가6외）。すなわち、1998年12月31日までに立法者（国会）が本条を改正しなければ、この規定は翌99年1月1日に失効するとした（岡 1998, 56）。

第6章　家族形態の変容と家制度の終焉

　この定めは「姓が同じで、かつ本が同じである血族の間では、婚姻することができない」という原則である。同じ父系血族での男女の婚姻は、親等数に限らずにまったく交流のなかった遠い血族であっても一律に禁じられていた。

　一方、母系の血族には、そうした婚姻の制限がなく、女系血統が考慮されない片面的な規制である。これは、男系中心の血統を重視するもので妻や母の女性血統を差別しているといわれる。一般的に近親婚は、優生学的あるいは遺伝学的な観点から多くの国において一定の範囲でこれを法律によって禁止している。日本では、直系血族と3親等以内の傍系血族での婚姻を禁じている（日民734条1項）。韓国でも直系血族と8親等以内の傍系血族などでの近親婚を禁止している（旧民815条2項など）。韓国法の特徴は、一般的な近親婚の禁止の範囲を超えて、さらに同姓同本たる父系血族間の婚姻までも禁止している点である。近親婚禁止の制度が二本立てになっており、その禁止の範囲がとても広範囲に及んでいた。

　憲法裁判所は、この規定が婚姻に当って相手方を自由に選択することができる当事者の自己決定権を著しく侵害しており、また、その禁婚の範囲を父系血統だけに限定していることから性差別に該当し、平等原則に反すると判示した。国会では、この決定を受けて同姓同本禁婚規定の廃止をめぐって審議が行われた。ところが、以下で検討するように、この審議が紛糾してしまい、新たな立法措置が講じられることなく1999年1月1日にこの規定は失効した。結局、2005年の民法改正でようやく同規定の文言が削除され、父系と母系の血族を区別することなく8親等以内の血族などの近親婚を禁止する規定が改めて設けられたのである（改民809条）。

第 1 部　韓国における「近代戸主制」という装置とその終焉

　同姓同本禁婚制の事件以外にも、憲法裁判所では同じ時期に嫡出否認の訴えに関する提訴期間の制限（旧民 847 条 1 項）および相続の限定承認の規定（旧民 1026 条 2 号）に対してそれぞれに憲法不合致の決定を下し、これらの規定を憲法の原則にしたがうように改正することを国会に命じた（憲決 1997 年 3 月 27 日、96헌가 7：憲決 1998 年 8 月 27 日、96헌가 22 ほか）。

(3)　憲法裁判所の違憲決定と国会の対応

　法務部（日本の法務省に相当）を中心に韓国政府は、憲法裁判所の決定を受けて民法規定の法整備に取り組み「民法改正法律案」を立案し、1998 年 11 月を始めとして 3 度（2000 年 11 月、2004 年 6 月）にわたって国会にその法案を提出した。国会では、2000 年 11 月に一部の民法規定（相続の単純承認擬制規定など）を改正したほかは、会期満了でいずれも廃案となった。法改正を要する規定のなかには、憲法裁判所の決定による法改正の猶予期間が、前述のようにすでに経過しており、法律としての効力が失われている場合もあった。国会による早期の法整備が望まれていた。

　もちろん、法的な「民主化」に伴って違憲審査制による憲法の規範統制が立法府に対して機能し始めたことは、韓国社会にとって画期的なことではあった。けれども、現実における国会での対応はとても鈍かった。

　問題は、なぜ、国会における民法の改正作業が難航していたのかという点である。その改正が遅延した主な原因は、儒林など保守系の団体や国会議員が同姓同本禁婚制の廃止および特別養子制度たる「親養子制度」の導入に強く反対したことによる。

　1998 年 11 月に国会に提出された政府案は、主に以下のよう

なものであった（대한민국정부 1998）。①同姓同本禁婚制を廃止して、禁婚の範囲を8親等以内の父系および母系の親族に限るなど、近親婚禁止の規定を一本化した（案809条）。②女子に対する再婚禁止期間の規定（旧民811条）を廃止。③普通養子制度（旧民866条以下）に加えて、子どもの福利を増進させるために実親との親子関係を終了させ、養親との親子関係のみを法的に認める特別養子制度たる「親養子制度」を新設した（案908条の2～908条の7）。

これに対して、儒林団体などは、伝統家族秩序を堅持する立場から政府案を批判した。政府案は「図式的な男女平等の標語だけを理由としており、現実的な妥当性とは何らの関係もなしに父系血統の要素を徹底的に排除し、伝統家族文化を抹殺している」（氏族總聯合會 1999, 2）。この団体は、まず同姓同本禁婚制について憲法裁判所の違憲決定にもかかわらず、その存続を強く訴えた。この規定が宗法制の根幹をなす制度であることから、同姓同本である男系血族内の結婚を禁止することにこだわったのである。また、親養子制度の導入に際しても、次節のように反対した。

3 特別養子制度たる「親養子制度」の導入をめぐって

(1) 「家族の再編」による養子制度のあり方

保守派の人々は、どうして親養子制度の導入に反対したのであろうか。まずはその導入が議論され始めた経緯から見ていくことにする。

特別養子制度たる「親養子制度」の導入が本格的に議論された2000年当時、新たな問題が起こっていた。近時、韓国では

第1部　韓国における「近代戸主制」という装置とその終焉

離婚が増加する一方で、再婚するカップルも増えている。家族の再編が進んでいる（**表4**：本書第1部第1章 *1* 参照）。その再編の過程で子どもの姓と本をめぐってある問題が提起された。それは、離婚後、母が再婚した場合、その連れ子の姓と本のあり方である。韓国でも、離婚後、子どもはその多くが母親側に引き取られ、養育される。たとえば、ソウル家庭法院で同じ時期である1999年に処理した離婚事件のうち、親権者の指定のあった200件で母親が親権者となった事例が132件（66%）、父親が親権者となった事例が64件（32%）であった。複数の子どもについて両親がそれぞれに分かれて親権者になった事例が4件（2%）であった（韓国・法律新聞2000年3月9日付、5）。再婚した母としては、その子どものために元夫との親子関係を終了させて、新しいパートナーである男性との間で新たな父子関係を築かせたいと希望するケースがある。

　ところが、今までの養子制度では、法律上、養父とは父子関係が成立したとしても、実の父との親子関係がそのまま維持され、かつ、子の姓と本も実父のそれを引き継ぐことが強制される。母の再婚後、すでに生活実態は、新しい父との共同生活をして家族を形成している。にもかかわらず、養父と連れ子の姓と本が異なっているために、韓国社会で様々な差別を受ける。この問題は韓流ドラマでもよく取り上げられたぐらいである。小学校に入学した子どもが、同級生から「なんでお前は、父親の姓と違うんだ！」とからかわれてショックを受ける場面が放映された。母や子どもたちのなかには、法律的にも新しい父と実の父親のような親子関係を結ぶことを望んでいる人たちがいる。ところが、2005年改正前の民法の下ではそれが認められなかったのである。それゆえ、再婚した母の連れ子に継父の姓

と本を名乗らせるために、その子の死亡届を出した後に新たに継父の婚内子（実子）として虚偽の出生届を役所に届けるというショッキングな事件が起きたほどである。

　また、すでに検討したように普通養子制度でも、血族や家の存続にあまりにも重きが置かれ過ぎており、隠れ養子縁組（虚偽の出生届）がなお横行していた。これを改善するためには、子どもの福利の観点から養子制度を見直す必要があった（李勝雨 2008, 97）。さらに、海外養子の問題がいまだに続いている。父が不明な子どもや孤児などが国内の家庭に養子として迎えられる件数が一時期よりも増加している。とはいえ、今も相当な数の子どもたちが国外に養子として引き取られている。韓国は、G20 など先進国のひとつとして数えられる国になったといわれつつも、一方で「海外養子輩出国」あるいは「海外養子輸出国」という不名誉な名称が残っている。韓国政府も、国内でもっと容易に養子縁組が結べるように養子制度を改善することで海外養子の数を減少させて、その汚名を返上したいと強く願っていた（김경천 2003）。

(2) 親養子制度の成立とその内容

　以上のような弊害をなくすために、1997 年の民法改正作業から養子制度の検討が始まり、「子どもの福利」に重きを置いた養子制度の導入が考案された。それが特別養子制度たる「親養子制度」である。この名称は、日本でいう「嫡出子（婚内子）」が韓国では「親生子」といわれていることから、「親生子に準じた養子」という意味で使われている（青木 2016, 170-171）。すでに述べた普通養子制度は廃止させるのではなく、この制度をそのまま存続させつつ、それに加えて新たな制度を設

けて、養子制度を二本立てにする計画であった。親養子制度は、2005年の民法改正で戸主制の廃止と共に導入され、現在、実施されているものである。

　具体的には、養親との関係で養子を養親の完全な婚内子（実子）と法律上、認定するものである（改民908条の2）。その前提として、実親との親子関係および親族関係などをすべて終了させて、法律上の親子関係を養親との関係にのみ限定させる。いわゆる、完全養子制度である。さらに画期的なのは、養子は養父の姓と本を引き継ぐことになり、伝統的な姓不変の原則に例外が認められるようになった点である（改民908条の3）。

　この制度で特別養子（親養子）の対象になりうる子どもは、未成年（19歳未満）であること（2012年の民法改正前は「15歳未満であること」）が要件となっている。養親となるには、3年以上引き続いて婚姻関係にある夫婦であることが必要である。ただし、婚姻後1年以上を経過した夫婦の一方がその配偶者の婚内子（連れ子）を特別養子にする場合は、この制限がない。さらに、この養子縁組について実親からの同意が必要であるが、実親が子どもへの扶養義務の放棄や虐待など、子どもの福利を著しく害した場合は、実親の同意がなくてもよい（改民908条の2第2項、2012年民法改正）。親養子縁組は、養親になる者の申立てにもとづき、家庭法院の決定により成立する。この法院では、養子になる子どもの福利の観点から、本人の養育状況および養親の養育能力などの事情を考慮してその適否を判断することになっている（同条3項）。この養子縁組は、普通養子制度のように当事者の合意だけで成立する「契約型」ではなく、法院の決定を必要とする「決定型」の制度である（田中 2014, 2 参照）。

第6章　家族形態の変容と家制度の終焉

図11　親養子縁組関係証明書

登録基準値	ソウル特別市永登浦区汝牟島洞1番地の1234

区分	氏名	生年月日	住民登録番号	性別	本
本人	김본인（金本人）	1965年01月01日	650101-1234567	男	金海

親養子縁組事項

区分	氏名	生年月日	住民登録番号	性別	本
親養子	김순희（金順喜）　死亡	1995年11月11日	951111-2888888	女	金海

区分	詳細内容
養子縁組	【親養子縁組裁判確定日】2008年03月02日 【決定法院】ソウル家庭法院 【親養子】김순희 【親養子の住民登録番号】951111-2888888 【届出日】2008年04月03日 【届出人】김본인 【担当官署】ソウル特別市永登浦区

上記の親養子縁組関係証明書は、家族関係登録簿の記録事項と相違ないことを証明します。

　　　　　　　　　　　　　　　　　　　　年　　　月　　　日

　　　　　　　〇〇市（邑・面）長　　〇　　〇〇　職印

（出典）법원행정처（2007b）43-44면、申榮鎬ほか（2009）28頁参照。

　法院の決定で親養子縁組が成立すると、その子どもは養親の婚内子（実子）とみなされる。実の父母との親子関係は、縁組の効力が生じた時から終了する（改民908条の3）。戸籍制度の廃止後に新設された「家族関係登録簿」は電子登録システムで、家族関係の情報はその証明目的に応じて限定した内容でしか開示されない。国民各自の個人情報を保護するためである。「家

族関係証明」では、家族欄には本人の姓名のほか、実親として養父母の姓名が表記されるが、元の両親の姓名は載らない。「親養子縁組関係証明」を担当官署に求めた場合でも、決定法院名、決定日などの養子縁組の事実が記載されるが、当然ながら実の父母の姓名が載ることはない（법원행정처 2007b, 43）（図11）。2008年1月にこの制度がスタートして以来、全国の法院で親養子縁組の決定を受けて、その縁組が成立した件数は、2008年で1779件、09年1378件、10年1245件、11年1176件、12年1256件、13年2065件、14年2740件および15年2592件にも上る（司法年鑑）。

(3) 制度の導入に対する保守派の反対理由

　問題は、親養子制度について1997年に導入の計画がなされながら、どうして2005年までその成立が著しく遅れてしまったのかという点である。すでに述べたとおり保守系の団体や国会議員が「親養子制度」の導入に強く反対したことが、その要因のひとつである。ここで注目されるのは彼らの反対理由である。主に以下のふたつの点が挙げられる。

　ひとつは、養子になろうとする子どもと実の父母との親子関係や親族関係を法的——人為的——に断絶させている点である。親子関係、特に父子関係は、同一の血筋を受け継いでいるところにその本質がある。韓国は、すでに検討したように伝統的に異姓不養といって直接の親子関係でなくても、同じ父系血統を受け継いでいる者を養子に迎え入れたのである。「同じ血筋」が親子関係や親族関係を結びつける実質的な根拠である。にもかかわらず、親養子制度は、まったく異なる（父系）血統の者が互いに親子関係を形成させるところにその問題がある。その

第6章　家族形態の変容と家制度の終焉

上、さらに重大な問題は、血筋の異なる者同士を親子とするために、あえて真実の親子関係までも法的に断ち切ろうとしている点である。「生父と生母との関係は天倫であり、これを人為的に絶えさせることができるものではない」（202回・国会法制司法委員会会議録1号、24）。この親養子制度は「実の親子関係たる天倫を著しく侵すものである」（韓國氏族總聯合會1999, 3）。彼らは、この制度が**血統真実主義**に反することを指摘する。

　もうひとつは、現に実の父母が存在し、所属すべき血族が明らかであるにもかかわらず、まったく異なった血族の名称である養父の姓と本を引き継ぐことである。姓と本は、本来、父系血族（血縁関係）の帰属を明示するものである。これは、単に血族の所属を示すだけではない。同姓同本禁婚制や異姓不養の原則などは法的に廃止されたとはいえ、いまだに韓国社会では婚姻や養子縁組の可否を判断するための大切な目安になるものである。ところが、今回の民法改正で姓と本の変更を認めたり、親養子制度の導入で異なる血族の子が別の血族の姓と本を名乗るようになる。これは、家族や親族へのアイデンティティが弱まるだけでない。人々の血族の所属が不明確になり、本来、許されない婚姻や養子縁組で族内婚や異なった血族間でのメンバー移動が容易に実行されてしまうおそれがあり、家族秩序に大きな混乱をもたらす。

　親養子制度の出現は、実父の血統を中心に親子や家族が構成されるべきであるとの戸主制の基本理念や儒教的な家族観が揺らぎ始めていることを示している。儒林団体などの保守派は、その例外を認めることで伝統的な家族制度に風穴が広がることにより、家族伝統が崩れていくことを何よりも危惧していたのである。

第1部　韓国における「近代戸主制」という装置とその終焉

4　出生性比の不均衡問題と戸主制の廃止

(1)　戸主制廃止運動と出生性比の不均衡問題

　以上で見てきたように、1998年以降、儒林団体や保守系の国会議員たちの強い反対により、同姓同本禁婚制の廃止や親養子制度の新設などを含めた民法改正がなかなか実現しなかった。女性団体の方では、国会で民法改正の審議が停滞していることに痺れを切らしていた。とりわけ、彼女たちは、1998年の政府案のような民法の部分改正では、家族における性差別を根絶することができないとの認識に立っていた。むしろ、その元凶になっている「戸主制」そのものを撤廃することを訴え始めた。「不完全な改正案が出される原因は、両性を差別する旧態依然の因習のなかに母性と子女の人権を度外視する戸主制が存在しているところにあるのを指摘しつつ、これについては至急に撤廃しなければならない」（198回・国会女性特別委員会議録2号、5）。それ以降、民法（家族法）の改正論議は、部分改正から「戸主制の全面廃止」へと移行していったのである。

　そこで、女性団体は、1998年から2000年にかけて男系血統中心の社会を象徴してきた「戸主制」を廃止するキャンペーンを本格的に展開した。その直接のきっかけは、2000年9月に143の女性団体と市民団体が連携し、「戸主制廃止のための市民連帯」が発足したことである（한국여성단체연합 2007, 23）。この運動のなかでとりわけ子どもの男女比率に極端な不均衡が生じている**「出生性比の不均衡問題」**がセンセーショナルに取り上げられた。これは、「男の子」を産みたいという家族の願いと今日の高度な医療技術とが結びついて生じた現代的な問題

第6章　家族形態の変容と家制度の終焉

である。過去、人間の生殖に関する医療技術が発達していなかった時代では、子どもの性別は生まれるまで知ることができなかった。それゆえ、各家庭に嫁いだ女性は息子が生まれるまで出産を強いられる場合が多かった。当時は、出産の回数が増えると共に女の子も生まれるので、ある程度、性比のバランスは取れていた。

　しかしながら、80年代以降、韓国の合計特殊出生率は低下し、2000年に入ると主要先進国のうち、最下位で推移している（1.08～1.24）（図3：本書第1部第1章1参照）。このことは、子どもを（ある事情で）産めないか、あるいは産もうとしない韓国人女性が増えていることを意味する。仮に結婚しても、夫婦で産む子どもの数を制限しようとするカップルが増加している。

　その一方で、家を受け継いでくれる息子の存在を不可欠と考える家族観はいまだに根強い。特に、舅や姑から嫁に男子の孫を産むように願われる。そこで、多くの夫婦は、限られた子どもの数のなかから選別的に男の子を産み分けようとする。これは、医療技術の発達（超音波検査や羊水検査など）に伴って、胎児期に性別の判定が可能になったことに端を発している（山路2003, 149）。これらの検査は、本来、胎児に対する遺伝疾患や奇形など、胎児の健康状態を確認するために開発された方法である。けれども、当初の目的とは異なり、胎児の性別を鑑定する目的に転用されている。男子の出産を願う家族は、その鑑別を医師に依頼し、もし、女の子だと判明すれば、人工妊娠中絶に踏み切るのである。この事実は、韓国の女性から生まれてくる子どもの数をその性別にしたがって人為的に操作することができる可能性を示唆している。こうした事例が多発すると、女

第1部 韓国における「近代戸主制」という装置とその終焉

表8 韓国における出産順位別の出生性比

年	出生性比の平均数	第一子	第二子	第三子	第四子以上
1986	111.7	107.3	111.2	138.5	149.7
1987	108.8	104.7	109.1	134.7	147.9
1988	113.3	107.2	113.2	164.4	181.7
1989	111.7	104.1	112.4	181.4	198.7
1990	116.5	108.5	117.0	188.8	209.2
1991	112.4	105.7	112.4	179.5	194.5
1992	113.6	106.2	112.4	191.1	213.0
1993	115.3	106.4	114.7	202.1	235.2
1994	115.2	106.0	114.1	202.2	224.2
1995	113.2	105.8	111.7	177.2	203.9
1996	111.6	105.3	109.8	164.0	184.6
1997	108.2	105.1	106.3	133.5	153.7
1998	110.1	105.9	108.0	144.7	153.6
1999	109.6	105.6	107.6	141.8	154.6
2000	110.2	106.2	107.4	141.7	157.5
2001	109.0	105.4	106.4	140.3	152.4
2002	110.0	106.5	107.3	140.0	152.5
2003	108.7	104.9	107.0	135.2	149.2
2004	108.2	105.2	106.2	132.0	139.1
2005	107.7	104.8	106.4	127.7	132.6
2006	107.4	105.6	106.0	121.8	121.6
2007	106.2	104.5	106.0	115.3	119.1
2008	106.4	104.9	105.6	115.8	123.9
2009	106.4	105.1	105.8	114.4	114.1
2010	106.9	106.4	105.8	111.1	109.8
2011	105.7	105.0	105.3	110.1	104.7
2012	105.7	105.3	104.8	109.2	—
2013	105.3	105.3	104.5	108.1	—
2014	105.3	105.6	104.6	106.7	—
2015	105.3	105.9	104.5	105.6	—

注) 各数値は、女子100に対する男子の数である。
資料) 韓国統計庁「出産順位別の出生性比」の数値による。

表9 日本の出生性比

年	出生性比の数
1986	105.9
1987	105.8
1988	105.6
1989	105.6
1990	105.4
1991	105.7
1992	106.0
1993	105.6
1994	105.6
1995	105.2
1996	105.6
1997	105.2
1998	105.4
1999	105.6
2000	105.8
2001	105.5
2002	105.7
2003	105.5
2004	105.2
2005	105.3
2006	105.3
2007	105.6
2008	105.2
2009	105.4
2010	105.8
2011	105.0
2012	105.2
2013	105.1
2014	105.6
2015	105.1

注) 各数値は、女子100に対する男子の数である。
資料) 日本・厚生労働省統計情報部「人口動態統計」の数値による。

子胎児への生命侵害が社会問題となると共に、韓国の全人口に占める性比のバランスが総体的に崩れてしまうことが憂慮されたのである。

(2) 出生性比不均衡問題の実態とその法的対応

実際の状況が気になるところであるが、参考までに出生性比の統計数値を日韓で比較すると、**表8**や**表9**のようになる。この数値からは、直ちに韓国の性比の不均衡が社会を構成する上で許容できない範囲を超えているのか否かの判断は難しい。ただし、韓国側の数値が1986年から2012年にかけて年ごとに変化している。日本側の数値がほぼ均一しているのと顕著な対照をなしている。日本側は、出生の性比に人々があまり関心を示さないのか毎年常に一定の数値を維持し、ほぼ変わらない。これに対して、韓国では、年ごとにその数値が目まぐるしく変化しており、その性比が人々によって作為的にコントロールされている可能性のあることを示している。1997年当時の新聞は以下のように伝える。「お腹のなかの赤ちゃんが娘だという理由だけで堕胎をためらわない非情な父母が見積もっただけでも2万5000余りのカップルになる。胎児の性別鑑定による妊娠中絶で性比の不均衡が著しくなっている」(中央日報97年12月4日付、33)。現地の医学系や保健学系の研究でも、女子胎児の堕胎件数が増えることで社会全体の出生児の性比に不均衡が生じていると指摘する（강복수 외 2001：김일현 외 1990 등）。

こうした弊害を防止するために、韓国の「医療法」（法律3948号、1987年11月28日改正）では、医師などに対して胎児の性別鑑定行為そのものを禁止する規定が新設された（同法19条の2、現行20条）。これに違反した者は、懲役2年以下また

は1000万ウォン以下の罰金に処せられる（現行88条の3）。もちろん、胎児への堕胎行為は、日本と同じく堕胎罪として刑法で処罰される（刑269条、270条）。

ただし、人工妊娠中絶は、「母子保健法」（法律13597号、2015年12月22日改正）で許容された範囲内であれば、適法な行為とみなされ、処罰されない。具体的には、父または母に優生学的、遺伝学的な疾患があったり、強姦などで妊娠したり、あるいは母体への健康が著しく害されるおそれがあるなどの事情があり、かつ、医師によって適切な医療行為の一環として中絶手術が行われることである（同法14条1項、28条）。医療を通した堕胎行為は、法的な規制が緩やかで、堕胎がしやすい状況にある。したがって、堕胎の予備段階である性別鑑定の行為を法的に規制しようとしたのである。

ところが、最近、憲法裁判所は、医療法20条の規定について憲法不合致という事実上の違憲決定を下し、立法府たる国会に対して憲法の規定に反しないように法律の是正（改正）を命じた。その主な論拠は以下のとおりである。

この規定において堕胎の可能性が少なくなった妊娠後期の時期に至っても、医師に対して胎児の性別鑑定行為を一律に禁止している。これは、法律による基本権の制限を最小限に止めることを要請した憲法の原則（**過剰禁止の原則**）に反することにもとづいている（憲37条2項）。すなわち、医療法により性別鑑定行為を一律に禁じることで、医師の職業遂行の自由（職業の自由）および妊婦やその家族の胎児性別情報へのアクセス権を侵害していると判示した（憲決2008年7月31日、2004헌마1010ほか）。この決定が下された後も、社会では依然として女子胎児に対する中絶が横行していたことから、国会では新たな

立法的な対応に迫られていた。結局、2009年12月に妊娠32週以前の性別鑑定行為に限って、それを禁止する規定に改正されたのである（医療法20条2項）。これによって一応、立法的な解決が図られたことになっている。

(3) 出生性比の不均衡問題を生みだす「男児選好」の制度
――戸主承継制のメカニズム

出生性比の不均衡問題に接する度にある疑問を抱く。それは、韓国の家族ではどうして男の子、特に「長男」がここまで極端に望まれるのだろうか、という点である。この問題の背景には、血族や家の跡継ぎのために男の子を産みたがる**「男児選好」の思想**があることがよく指摘される（박충선 1999, 217）。けれども、最近の研究（ジェンダー法学者・梁鉉娥など）では、男児選好を全国民的な意識にまで浸透させたある制度に着目する。それが民法の**戸主承継制**である（旧民984条など）。戸主たる地位の継承は、すでに検討したように直系卑属男子が最優先順位となっていた。とりわけ、長男に家や血族を継がせるような法的なしくみになっている。全国民が漏れなく所属している「家」や血族の存亡は、必然的に男の子の有無にかかっている（양현아 2009b, 24）。もちろん、論理的には女子も戸主を承継する機会はある。しかし、父系血統を受け継ぐ男子にこだわる韓国の戸主制の下では、娘がいても息子がいなければ、真の意味で家系の祭祀承継ができない。

「長子」の必要性は、歴史的には主に両班たる特権階級を中心とした父系血族（宗中）の課題であったいわれる（양현아 1999, 231）。ところが、日本の植民地時代に家制度が導入され、かつ、建国後、民法の制定で男子優先の戸主相続（戸主承継）

第1部　韓国における「近代戸主制」という装置とその終焉

を規定することによって、宗中だけでなく全国に散在するあらゆる「家」にまで長子への家系継承が一般化していった。戸籍で構成された各家族は、戸主承継制という法の装置でもって「跡継ぎ」という命題に否応なしに直面させられる。将来的に戸主の担い手になる長男の調達は、家の存続にとって不可欠な条件となって戸主のみならず、家族全体の課題となった。こうした家族の至上命題が、主に嫁たる韓国女性に「男子の出産」という形で重く負荷されたのである（양현아 2011, 172）。

このように見ると、家系継承に当っての長男の存在は単に家族の意識や思想のレベルだけではなかった。梁鉉娥がいうようにそれは厳然たる制度的な要請であったのである（양현아 2009b, 24）。

しかし、2008年に戸主制が廃止されてからは、韓国社会では出生児の性比不均衡問題があまり取り上げられることがなくなった。近年、子どもが女の子だけしかいない家庭も増える傾向にある。また、年々、男女の婚姻件数が減少し、婚姻をしたとしても、子どもをあえてもうけない（**子なし夫婦**）。いたとしても一人か二人程度である（**少子化の現象**）。今や男の子が生まれるまで子どもを産み続けるという従来のやり方は影を潜めている。家族の小規模化に伴って、夫婦間に男の子が生まれる可能性が以前よりも減少している。いわゆる**「息子のいない長男」の増加**である（양현아 2009a, 38）。こうした現象は、戸主制を持続させるための核心たる「家（戸主）の継承」が難しくなっていることを意味する。人口学的な観点からも男性や父だけが中心となった親族や家族が韓国社会で存在しづらくなっていると指摘される。実際、政府の最新の人口統計によると、2005年にはじめて女性の人口が男性の人口を上回った。それ

以降、2015年現在、人口の性比は女性の方が多い状況が続いている（통계청 2016, 18）。量的な側面でも女性が韓国社会を主導的に構成している。

　最近では、戸主制の廃止を契機に男子や父系中心の家族のあり方を社会全体で見直そうとする動きがある。今まで父系親族で主に行われてきた冠婚葬祭は、母系親族を含めた運営に変化している。先祖祭祀は、戸主や宗孫たる長男だけでなく、次男以下、兄弟によって輪番で執り行う方式が採られている場合がある（**輪回奉祀**）。また、これから男系の直系子孫の数が少なくなっていくことに備えて、娘、娘婿および娘側の子孫が、父母の死後、その御霊を弔ったり（**外孫奉祀**）、姻戚が先祖祭祀の担い手になる血族が増えてくることが予想されている（朝鮮日報2010年9月15日付、A23）。ある研究者は、男系血族だけを中心とした家族構成を法的に強要してきた戸主制が廃止されたことは、韓国における人口学的な変化に対応するための不可避な政策選択であったとまで評している（양현아 2009a, 38）。

5　家族の「血統」や男女の「性差」に対する本質的な懐疑

　以上、検討した社会現象を振り返ると、現代の韓国社会において宗法制や戸主制でいう「血統」とは、一体、どういう意義を有しているのかを改めて問わざるを得ない。一般的に親子や家族の関係を決定する「血統」とか「性別」は、「天倫」や「自然」といった人智を超えた聖域で決定されるものであって、今まで人が介入できる領域ではなかった。とりわけ、韓国の血族において「父系」や「血筋」は、先祖祭祀という宗教のレベルでその正統性が担保されてきた。さらに、本書のトピックで

第1部　韓国における「近代戸主制」という装置とその終焉

ある「戸主制」という社会システムでもって法的にも「父系血統」が大切に保護されてきたのである。韓国における家制度の導入過程を一言でいえば、いわゆる**「宗法制の現代化」**である。

　もちろん、戸主制廃止の社会の動きは、一方で男子中心の家族から男女を対等に扱おうとする**「家族の民主化」**を目指すものである。韓国の家族関係を理念として支えてきた「父系血統」のみならず、「母系血統」も尊重しようとした。民法の改正で母系の親戚までも親族に含めた結果、親族の範囲が広がったり、同姓同本禁婚制が廃止され、新たに近親婚禁止の規定が定められたが、その禁止される親族範囲が広範になっていくのもその一例である（改民777条、809条）。

　しかし他方で、戸主制の廃止は、父系であれ、母系であっても家族、親族および血族をつなげる「血筋」そのものを不明確にし、その原理的な根拠を相対化させる契機にもなった。その典型的な例が親養子制度の導入である。これは、今まで不変であるとされてきた姓と本の変更を可能にし、血統の異なる子と養父母との親子関係を法的に認めるためにあえて真実の親子関係そのものを断絶させてしまう制度である。異姓不養の原則に大きな例外をもたらした。こうした相対化の流れは、生殖に関する医療技術の発達でさらに拍車がかかった。科学技術という手段で家族の聖域であった生命の根源たる「血」や「性別」を人為的に操作することができるようになったからである。

　もちろん、**DNAの遺伝子鑑定**は、親子関係を正確に割り出すことを可能にしたことから、2005年の民法改正で女子に対する再婚禁止期間の廃止につながった（旧民811条）。また、出生性比の不均衡の現象は、男の子を確実に確保することで父系血統を忠実に守ろうとする戸主制や宗法制からの当然の要請で

第6章　家族形態の変容と家制度の終焉

あったともいえる。ただし、現代科学という方法をもちいることで、結果的に「男女の産み分け」という自然の摂理の一線を踏み越えてしまったのである。そして、他人の子宮を利用して自らの子どもをもうける「代理母」や、自らのものだけでなく他人の卵子や精子を利用した体外受精などの生殖医療は、不妊に悩む夫婦に子どもを授けるチャンスを与えた（高翔龍 2012, 99）。しかし他方で、この方法は、生物学的な親子関係と社会学的な親子関係に不一致をもたらし、親子、家族さらには血族の構成を決定していた「血統」の根本的な意味が改めて問われるようになった。保守派の人たちがつとに主張してきた「**血統真実主義**」そのものが揺らぎ始めているのである。

　さらに、最近、男女の性差そのものを問い直さざるを得ない課題に韓国社会は直面している。すなわち、そもそも男と女の法的区別とは何であり、その区別がどのように変容しようとしているのか、という問題である。その直接の契機がトランスジェンダーの現象である。韓国でも男性から女性へ、あるいは女性から男性へと「性別」という法的垣根を越境する事例が現れている。これは、性別適合手術（性転換手術）で「男」と「女」という性別を精神的な面だけでなく、肉体的にも変更することが可能になったからである。性同一性障がいの人々は、韓国でも法的に性別を変えることができる（大決 2006 年 6 月 22 日、2004ㅿ42）。かつ、同性間の婚姻も議論されている。こうした事実は、婚姻届出の可否、家族関係登録簿や住民票などの性別記載事項の変更、また性別変更に伴う兵役問題など、男女の区別そのものが法的に問われていることを示している（岡 2012, 1）。今まで家族制度における男女の性差は伝統的にかつ倫理的にも長く受け継がれてきたもので、性別は生来的に変更するこ

とができないものと観念されてきた(**性不変の原則**)。韓国における「男女有別」の儒教的徳目などは、不変的で固定的に捉えられてきた男女の区別をその前提としている。

　ところが、韓国の女性運動の視点は、生物学的な性(SEX)や「伝統」という名でもってもはや性の区別を固定化させることができないことを明らかにした。男女の性差は、単に社会でつくられた構築物に過ぎない。社会環境やその条件でいつでも男女の区別は変化しうることを示唆した。その典型的な例が本書のテーマである「戸主制」の廃止である。この制度は今まで、韓国の人々に戸主中心で構成された「家」への帰属を強制し、とりわけ妻、母および娘の権利を著しく制約した。戸主制の存在は、単に家族制度に止まらず、韓国社会に存在する諸々の男女差別の象徴として位置づけられてきたほどである。それゆえに、この制度の廃止は、男女の差別を是正しただけでなく、この社会を法的に長く束縛してきた性別の固着性を相対化させたのである。「性別」という法的な箍が、一旦はずされれば、男女の区別を動態的に変動させる地平が新たに生まれてくる(岡2012, 7)。この視点は、性同一性障がいによる性別の変更を可能にさせる法的な前提にもなった。同障がいによる性別の変更の動きは、このように女性団体による「戸主制廃止運動」の論理と互いに共鳴し合っているのである。

　今、韓国社会では、「戸主制」という一元的な家族制度の枠では収まりきれないほどに「多様」な家族形態や個人のあり方が現れている。こうした家族や個人を法的に保護の対象とするためには、むしろ戸主制の枠組みが大きな足かせとなっていたのである。これが、2005年の民法改正で戸主制の廃止が国会において決定された真意のひとつといえよう。

第2部　戸主制の廃止以降における
儒教家族のゆくえ

朝鮮王朝における歴代の王や王妃たちの神主（位牌）が安置されている「宗廟」にある伝統的な建物（筆者撮影）。

第1章　現代における「姓」の制度と宗中団体
（父系血統集団）

1　戸主制廃止後の姓の制度——子の姓と本の問題

　2005年の民法改正についての国会の審議では、戸主制の廃止が議論されるときに姓の制度（韓国では「姓氏制度」という）もその見直しの対象とされた（대한민국 정부 2004）。というのは、子の姓と本は原則として父のそれにしたがうように規定されており（**父子同姓の原則**）、戸主制と同じくこの制度が母系よりも父系血統を重んじていたことから、憲法の性差別禁止の原則に抵触するおそれがあるためである（旧民781条1項本文）。そのひとつのあらわれが、すでに紹介した「父母の姓を共に名乗る運動」（부모양성 쓰기운동）である。これは、女性団体が中心となって姓の制度に対する民主化（平等化）を図るために1997年ごろから展開された社会運動である。子に姓を付与するに当って、今まで法的にも社会的にも父方の姓のみが与えられ過ぎた。これからの世代は、父母の両方の姓を使い、父系血統優先主義の固定的な観念を改めようとするところにこの運動の目的がある（한국여성단체연합 2007, 198）。2005年の民法改正では、父子同姓を原則とする従来の姓の制度を改めるべきであるとの意見もあった。ところが、結局は、今までどおりの制度が基本的に維持されたのである。その経緯は、姓の制度に対する2005年の憲法裁判所の決定によく示されている（憲決

第1章　現代における「姓」の制度と宗中団体（父系血統集団）

2005年12月22日、2003헌가5：以下、「憲決2005a」とする）。以下では、この決定を紹介しつつ、姓の制度についての問題の所在を明らかにしてみることにする。

　韓国の「姓」と「本」についてはすでに説明したので繰り返さない（本書第1部第3章4参照）。ここでは「本」の概念と姓の制度が国民登録にどのように反映されているのかを補足する程度に止める。韓国の姓の特徴は、その数が日本の氏に比べてとても少ないことと、異なる血族でありながらも同じ姓が多いことである。日本の氏の数は、一説では11万から15万程度あるといわれている。これに対して、韓国では、2000年現在、国民登録上で確認されている内国人の姓の数はわずか286個に過ぎない。むしろ、最近は韓国に帰化する外国人が増加し、それに伴って新しい姓が急増している。その数は内国人の姓の数を凌いでいる（442個）（통계청 2003）。韓国では金氏、李氏などに代表されるように、古くから血族が異なるにもかかわらず同じ姓を名乗ることが多かった。中国式の姓制度を導入する際に、当時、中国の著名な家柄の姓を使うことが流行ったようである。同族でなくても同じ姓を称するケースが数多く現れたためだといわれている（青木1981, 302）。

　このため、韓国では、同姓のうちから各々の血族を識別するために、「本貫」あるいは「貫籍」といわれる父系血族の発祥地の名称など、先祖ゆかりの地名を姓の前に付す慣行が出来上がったそうである。法律用語としては「本」ということばが使われる（山田ほか1986, 14）。具体的には、「金海」金氏、「慶州」金氏、「全州」李氏、「慶州」李氏、「密陽」朴氏、「東來」鄭氏などのように本貫が各姓の前につけられる。同じ姓のうちで本貫が一番多い姓は「金」氏である。国民登録上、443の本

141

第 2 部　戸主制の廃止以降における儒教家族のゆくえ

写真 2

各宗中では、血族の系譜たる『族譜』が編纂される。この写真は、ある宗中の族譜の表紙である（筆者撮影）。

写真 3

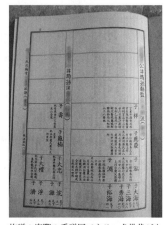

族譜の実際の系譜図である。各世代ごとに名前、および結婚していれば、夫人の姓と本貫が併記されている（筆者撮影）。

貫がある。次に「李」氏で283の本貫があり、その次が「朴」氏である。230の本貫がある（통계청 2003）。同じ姓であってもそれぞれの一族はまったく別の血族である。

ただし、例外的ではあるが、別の姓であっても同じ血族の場合がある。「安東」権氏と「安東」金氏、また「金海」金氏と「金海」許氏などは、それぞれ同一の父系血族だといわれている。また、それとは逆に、ごく稀であるが、同姓同本でありながらも別の血族の場合もある。先祖を異にする「江陵」崔氏などがその例である（高翔龍 2012, 4）。

こうした姓と本は、通常、韓国の各父系血族（宗中）で大切に保管されている先祖代々の系図たる「族譜」において確認できる（**写真 2・3**）。また、今までの国民登録簿たる戸籍でも各人の姓と本が記載された（戸 15 条 4 号）。2008 年にこの制度が

第1章　現代における「姓」の制度と宗中団体（父系血統集団）

廃止された後、新しく家族関係登録簿が新設されたが、この登録簿にも姓と本は必要的記載事項になっている（家9条2項2号）（図4・5：第1部第2章 *1* 参照）。現在、この登録簿で国民一人一人の姓と本が識別される。

　姓と本の最新動向が気になるところであるが、13年ぶりの2016年に韓国統計庁で発表された統計数値（全国民の姓と本の集計結果）によると、2015年現在、姓の数が一気に5582個にまで急増している。この数には、内国人と帰化した外国人の姓の両方が含まれている。そのうち、韓国式の伝統的な漢字ではなく、外国式のファミリーネームなどがハングルでそのまま表記された姓が4075個にもなる。一方、韓国式の漢字表記の姓は1507個である。本貫は2000年当時、4179個だったのが、今回の統計では7543個にまで増加している（통계청 2016, 33-35）。これらの数値には、内国人本来の姓と本と共に、韓国に帰化した外国人で韓国式の姓と本を新たに創設申請して家庭法院で許可された（家96条1項）とみられる姓と本が相当数含まれている（正確な数は不明）。姓と本の数が膨れ上がった主な原因は、結婚移民や外国人労働者など、定住外国人の急増に伴い、帰化した外国人が大幅に増えたことによる。

2　「姓」と「本」の社会的機能

　では、法律上、姓と本はどのように機能しているのであろうか。憲法裁判所は、2005年の決定で姓と本には主に二つの機能があると説明する。ひとつは、個人の同一性と個別性を認識する記号だということである。もうひとつは、個人の血縁関係を表示しているという点である。二つ目の機能が、韓国独自の

ものである。つまり、姓とは、どの父系血族から生まれたのかを示す出自の目印である（憲決 2005a, 553）。いわゆる、所属する父系血族の名称が、ずなわち「姓」なのである。日本のように家や家族の名称であり、婚姻や養子などで家の所属が変われば「氏」が変化する場合とは異なる。韓国の姓は、個人の血縁関係を示すものであることが強調される。したがって、この国では、自らの血統と無関係な名字を使用することは姓の本質から許されないとの前提に立っていた（ただし、2005年の憲法裁判所の決定以降、帰化した外国人の増加に伴って姓の意義が必ずしも血統を表すとは限らなくなっていることは留意する必要があろう）。

　問題は、姓がなぜ、母系血統ではなく、父系血統を表示するのであろうかという点である。先ほどの女性団体のように、父方の姓と母方の姓を併記する方法もありうる。ただし、この場合、世代を遡れば遡るほどに姓が際限なく長くなり、個人が出生した血統の系譜や血統の始祖がだれであるのかなど、先祖の存在が不明確になり、所属すべき血族を識別することができなくなるおそれがある。姓の本来の機能が弱まっていく。姓でもって父母両系の血統をすべて表示することは不可能に近い。

　したがって、憲法裁判所は、父方か母方いずれか一方の姓を選択せざるを得なかったと説明する。そして、父方の姓が選ばれたのは、韓国の歴史や文化の形成過程で父方の血族の名称を名乗る父姓主義がこの社会に定着してきたところにその根拠を挙げる。「わが国では、父姓主義が規範として存在する以前から生活様式として使用されてきた社会文化の現象であった。このような生活様式は、長い歴史を経て形成され、維持されてきた結果、ほとんどの人々がその意識のなかで、姓はつまり父の

第 1 章　現代における「姓」の制度と宗中団体（父系血統集団）

姓を意味するものであると認識するに至った」のである（憲決 2005a, 555）。韓国人の多くが、姓とは父方の血族の名称を意味するものと理解し、それが自然に生活様式として受け入れられてきたとする。

　ただし、戸主制廃止の議論が活発に行われた 2000 年当時、これに関する世論調査がいくつか実施された。その代表的な調査（全国 2000 名を対象としたアンケート）によると、子は父の姓と本にしたがうべきであると回答した男性が全体の 57.1％、女性の回答者が全体の 31.6％ を占めていた（최대권 외 2001, 84）。姓や本に対する認識が男女によって異なるとの結果が表れている。最近では、父系血族の名称が姓として韓国の人々に受け入れられているとは、必ずしも言い切れなくなってきている。

　また、注目すべきことは、2005 年の憲法裁判所の決定が「姓」を韓国社会で機能させてきたある社会団体に着目していることである。それが宗中団体や宗親会である。父姓主義は、長い期間にわたって伝統的に使用されてきただけではない。現在でも、これらの団体が父方の姓を基準として結ばれた血縁主体として社会に存在し、人々の血縁意識を強く支えている。全国に無数に存在する「宗族」が、いまだに現代の韓国で社会的実体として根強く機能している。したがって、各宗中団体の名称である「姓」と「本」は、母系血統を反映できない限界があるものの、今なお韓国社会で広く通用しているのである。

　憲法裁判所は、以上の諸点を根拠にして、父姓主義を定めた民法 781 条 1 項本文が直ちに憲法に反するとはいえないと判示した。これに対して、韓国のフェミニストから次のような反対意見がある。すなわち、子の姓と本について母系血統に対する

配慮がなく、一方的に国家が法律で父姓主義を国民に強制させていること自体が憲法の性差別の禁止原則に反し、母や子どもの個人としての尊厳を侵害していると反論する（憲決 2005a, 561 以下）。

3　父姓主義の原則とその例外

もっとも、2005 年の憲法裁判所の決定でも父姓主義を全面的に容認しているわけではない。問題の核心は、2005 年改正前の民法において父姓主義の使用をほぼ一律に国民に強制させることによって、女性や子どもの自由と平等を侵害していたにもかかわらず、これに対する国会の立法的な配慮が欠如しているところにある。父姓主義の例外は、わずかに父が外国人である場合と父が知れない場合——父が不明なときおよび父が明らかな場合でも彼が認知をしないとき——に限って、子は母の姓と本にしたがうことができるだけである（旧民 781 条 1 項但書、2 項）。最近、改善を要する例外的な状況とは、以下のような事例である。

①父母の離婚で母一人が子どもの親権者として養育している母子家庭にあって、子の姓と本を母のそれに変更することを本人たちが希望しているケースである。②シングルマザーとして婚外子を養育している場合、その父が現れその子を認知したとき、改正前の民法では母や本人の同意なしに子の姓と本が父方のそれに一方的に変更されてしまうケースである。その母や子が希望すれば、今までどおり母の姓と本を維持することができる措置が望まれていた。③母が再婚して、前夫との間に生まれた子ども（連れ子）も継父と生活を共にしているとき、その子

第1章　現代における「姓」の制度と宗中団体（父系血統集団）

が継父の子どもとして養子縁組などで法律上の父子関係を築きたいと願っていても、従来の民法では子の姓と本は前夫のそれがそのまま引き継がれてしまうケースである。すでに見た親養子制度では、対象年齢に制限があり（2012年民法改正前は、この年齢が15歳未満）、要件も厳格な上、家庭法院の決定が必要なので、容易に継父との親子関係を成立させることができない。少なくとも姓と本だけでも簡単な手続で継父の姓と本に変更できるような立法措置が願われた。

　憲法裁判所は、こうしたケースにまで前夫や実父の姓と本を子どもに強制させることが子どもや母の尊厳、人格権および両性の平等を著しく侵害していると判断し、民法781条1項について憲法不合致という事実上の違憲決定を下した。立法府（国会）に対しては、父姓主義の例外的な規定を設け、子どもが母や継父の姓と本に変更できるようにして当事者の基本権を救済する途を開くように命じた。

　国会では、この裁判所の命令を受けて2005年の民法改正で次のような例外規定を新たに定めた。①父母の婚姻届出時に子が母の姓と本にしたがうように両親が協議した場合、その子は母の姓と本にしたがうことができる（改民781条1項）。②婚外子が認知された場合、子は父母の協議にもとづいて従前の姓と本を引き続いて使用することができる（同5項）。③子の福利のために、子の姓と本を変更する必要があるときは、父、母または子の請求により法院の許可を得て、これを変更することができる（同6項）。

　母方の姓と本にも子どもがしたがうことができる姓の父母両系血統主義は、改正民法の施行時である2008年1月1日からスタートした。この制度を待ち望んでいた子どもや母の数は、

施行日から僅か6日間で、③の制度で全国にて1472件の申請があった。親養子の養子縁組申立ての数が、この期間に全国で151件である（법원행정처 2008, 1）。それ以降、最近の司法統計によると、③の申請による法院での許可件数の推移は次のとおりである。初年度2008年は、制度の始まりという意味もあって全国で1万4566件にも上る。09年は7504件、10年は6364件、11年は6254件、12年は6177件、13年は5634件、14年は5034件、そして15年は4464件であった（司法年鑑）。

4 「姓」と「本」の変更の実態

では、上記③にもとづく家事非訟事件の審判で姓と本は、どのような基準で変更が認められるのであろうか。ある事例は、母が離婚した後、別の男性と再婚し、元夫との間で生まれた子ども（連れ子）と3人で共に生活をしている。その後、継父がその子を普通養子にした。今回の民法改正に合わせて、その子の姓と本を継父のそれに変更することを法院に求めたのが本事件である（蔚山地院審 2008 느단 12）。法院は、その変更の基準を次のように示した。法律のいう「子の福利」にもとづいて姓と本の変更を認めるためには、父子関係において子の保護の必要性、母子関係、新しく家族の一員になった子のアイデンティティ、子の意思、年齢、成熟性および現在の家庭状況などの諸般の事情を考慮しなければならない。実際に考慮された本件の事情としては、実父がその変更に同意したこと、継父が本人と10年以上も生活を共にし、その後、養子にした事実、および本人が継父を父親と認知し、自らも継父の姓と本に変えたいと強く望んでいることなどが明らかになった。法院は、こうした

第1章　現代における「姓」の制度と宗中団体（父系血統集団）

事情から継父の姓と本に変更してあげることが本人の「福利」に適うと判断し、その変更を許可した。

逆に、別の事例では、離婚後、7年近く実父が一人で子を養育し、その後に母は再婚し、その子の養育権を両親の協議の下で母に変更した。子は継父との同居期間が8ヵ月に過ぎず、まだ継父と養子縁組をしていない。母はこの子の姓と本を継父のそれに変更することを法院に求めたが、実父はその変更に反対している事件で、法院は再び実父にその子の養育権が変更される可能性を排除できないとして不許可とした（大邱地院 家庭支院審 2008 느せ 304）。

さらに、父の姓そのものが他人から誤解や嫌がらせを受けやすい場合（珍姓や奇姓など）、母の姓と本に変更することを認めた裁判例が現れた（蔚山地院審 2008 느せ 98）。この場合、親の離婚や再婚などによって子どもを取り巻く家族関係に変化があったわけでない。しかし、父の姓と本を強制することが子の福利を著しく害するときは、別の姓と本に変更することが認められたのである。従来、奇名や名前で嫌がらせを受けている場合、名前の変更は改名手続で認められてきた（家99条1項）。しかし、今までこうした場合、姓と本については、その変更が認められてこなかった。今回の民法改正はこれを一変させた。姓と本についても民法781条6項にもとづいて改姓や改本の可能性をこの裁判例は示唆したのである。

今まで姓と本は、父系血統へのアイデンティティを示すものであって、一生涯、それを変更してはならないという「姓不変の原則」が伝統的に堅持されてきた。こうした韓国の家族制度にあって、この規定の新設で姓と本を変えることができる法的な可能性が広がったことは大きな転換である。この度の民法改

正で当局者が語ったように、この改正は「姓不変の原則に対する一大革命」であった（198 回・国会女性特別委員会会議録 2 号、8）。

5　姓の制度を支える社会実体（宗中団体）

　姓の制度が韓国で長く維持されてきたのは、すでに見たように父系血統中心の姓と本が韓国社会で慣行として古くから機能し、今も衰えることなく個人の同一性と個別性を識別する役割を果たしているところにその理由が求められる。しかし、姓が、なぜ、母系ではなく、父系なのかの合理的な説明は、憲法裁判所の理由からも明らかではない。ただし、韓国において姓と本とは、個人の血縁関係を表示する記号である。この前提に立つ限り、先ほど述べた女性団体で実践されている父母両方の姓を共に名乗る場合であっても、母方の姓と本は、元を辿れば男系血統の名称である。というのは、現在、生きている妻や母の姓と本も父系血統の名称であって、そのほとんどが本来から母系血統の名称としては存在していなかったからである。韓国で「姓」という概念からは、そもそも女性の血統を見出すことがとても難しい。

　しかも、重要なことは、「姓」と「本」をこの国で機能させている社会的実体が現に存在していることである。それが、父系血統集団たる宗中団体である。姓と本が社会で広く通用しているのは、それを支えている血縁主体が今なお根強く息づいているからである。以下では、この宗中団体を見ていくことにする。

第1章　現代における「姓」の制度と宗中団体（父系血統集団）

6　宗中団体とは？

　宗中団体とは、そもそも韓国社会においていかなる社会的実体であろうか。宗中団体は、一般的に一族全体を包摂する大宗中があり、そのなかに大小、無数に分派しており、各々の支派としてそれぞれ中小の宗中を形成している。たとえば、韓国で最大の血族たる金海金氏の宗中には148の支派があり、それぞれの支派で中小の宗中を形成している（金海金氏宗中のHP）。金海金氏に限らず、韓国社会でよく目にするのは、大宗中ではなく、この支派である中小の宗中である。韓国の街を歩くと、キリスト教の教会と共に支派である宗中団体の事務所とその看板にたびたび出くわす。それほどまでに中小の宗中は、韓国の人々にとって最も身近な血縁組織となっている（**写真4**）。

　政府の統計によると、2015年現在、規模において最大の宗中団体は、先ほど挙げた金海金氏で、445万6700名であった。次に密陽朴氏が310万3942名、全州李氏が263万1643名、慶州金氏が180万853名、そして慶州李氏が139万1867名と続く。この五大宗中に属している人の数が、2015年現在の全人口の26.93％を占めている（全人口4970万5663名）（통계청 2016, 104-106）。それ以外にも大宗中が、全国でおおよそ4000ほどあるといわれている。韓国に帰化した外国人を除いて、韓国人のほとんどはそのいずれかの宗中に属していることになっている。

　宗中という団体は、一般の宗員だけで構成されているわけではない。そのほかに、宗孫、門長および有司という三つの役職とその議決機関たる宗会を中心にこの団体は運営される。宗孫

写真4

ソウル市の中心地にある宗中団体所有のビルの玄関前（筆者撮影）。

とは、すでに見たように先祖祭祀を主宰する者で、先祖直系の男の子孫（長子系）のうち、通常、嫡男の長子がその地位に就く。門長は、宗中を導く精神的指導者で、宗員のなかから学識および年齢にもとづき優れた者が選ばれる。有司は、門長の指揮監督の下で宗中の事務を担当する者である。宗中の重要な意思は、宗員の集まりたる宗会で決定される（李光奎 1990, 204-206）。

　宗中で最も重要な行事は、先祖祭祀である。『朱子家禮』をもとに朝鮮で編纂され民間に流布した『四禮便覧』に則って、父母、祖父母、曽祖父母、高祖父母の四代先祖までは、家廟（祠堂）あるいは家屋内で祭祀を執り行う（**四代奉祀**）。五代以上の先祖からは、墓地に位牌（神主）を安置して、春か秋に時祭として墓参をする（伊藤 1996, 240）。四代奉祀は、各先祖の父母の命日に祭事をする「忌祭」として年に8回にわたって行われる。それ以外に旧正月や秋夕（仲秋）などに名節祭事が行われる。祭祀行事の多い宗中では、年間、先祖祭祀が15回ほども行われる。毎回の祭事には、酒、果実、穀物、肉、魚などのお供え物を必ず準備しなければならない。先祖祭祀は、宗中

第1章　現代における「姓」の制度と宗中団体（父系血統集団）

にとって相当な経済負担を強いられる。祭事を安定的に行うためには、必然的に財政的な基盤が必要になってくる。それが位土（祭事の費用を賄うために供される田畑ー筆者注）をはじめとした宗中財産である（鄭肯植2007, 505-506）。この財産は、先祖代々から受け継がれてきたものや、宗家や宗孫が経済的に困難であれば、分家たちの兄弟や親族たちが持ち寄ってその不足を補い、宗家を支えながら先祖祭祀を挙行するなど、その子孫が財産を出し合っている場合もある。宗中財産は、多くの子孫が世代ごとに集積してきたものである。問題は、その各財産の所有に対する持分など、宗員相互間の権利関係が極めて不明確であるという点である。したがって、この財産をめぐって法的紛争が今も絶えない。日本の植民地時代から個人主義を前提としてきた近代法の権利義務関係でこの団体財産を捉えることの不都合さが指摘されてきた。

　韓国では、姓と本の社会的な役割や宗中のしくみで見たように、**血縁主義**というべきものが社会全体の組織原理として機能している。言い換えれば、宗中は、韓国社会を構成する基礎的な集団であった。では、宗中たる血族集団は、2005年の民法改正以降、戸主制が廃止された後にいかなる影響を受けたのかが問題となる。戸主制がなくなることで、宗中はどのように変容しているのだろうか。逆に、変容しなかったものは何なのだろうか。こうした点が問われてくる。以下では、今回の民法改正以降に下された大法院の裁判例を素材としながら、これらの課題を検討することにする。

第2章　2005年の民法改正以降の宗中団体

1　家族と宗中

　姓と本とは、要するに韓国の人々が所属している宗中団体の名称である。韓国の場合、通常、同じ家族を築いていても夫婦、母と子どもの姓と本が異なっていることが多い。いわゆる、夫婦別姓である。これは、それぞれ所属している父系血族たる宗中が違っているからである。現地の文化人類学の研究によると、韓国における家族と宗中の関係は、家族が宗中の最小単位であり、宗中は家族の上部組織に位置づけられるとされる（李光奎 1990, 47）。姓というアイデンティティの役割からすると、韓国の人々はそれぞれの家族の構成員である前にまずは自らが生まれながらにして所属している血族の成員であることがより本質的な帰属関係になる。では、人々は、血族たる宗中に対して法的にどのような関係を結んでいるのであろうか。また、現代社会で人々は、宗中にどれほどの帰属意識をもち、それに関わろうとしているのかが問題となる。

　まずはじめに、戸主制と宗中団体との法的関係から明らかにしたい。すでに検討したように、1958年に民法が制定した時に戸主制は実定法で規定され、宗中の団体ルールは慣習法や習俗として規律することによって、家族法秩序が多層的な構造をなしていた。2005年の民法改正までは基本的にこの構造が維持された。というのは、植民地期に戸主制を強化するために、

第2章 2005年の民法改正以降の宗中団体

その障害となる宗中の祭祀相続などの諸ルールを公式の国家法の対象から除外したことは、建国後、民法の制定でもそのまま受け入れられたためである。ただし、宗中の祭祀相続の精神——つまり、先祖祭祀を主宰する地位は、父方の嫡男の長子に引き継がれるべきであるとの相続観念——は、戸主相続制度に反映された。戸主相続人の順位規定、相続人への祭祀用財産の単独相続および財産相続分の加算制度の創設は、そのあらわれだといわれている(旧民984条、996条、1009条1項但書)。韓国の研究でも、次のように指摘する。日本の植民地時代に下された1933年朝鮮高等法院の判決の立場(本書第1部第3章5参照)をそのまま受け継いだかたちで韓国の民法が制定され、宗中の祭祀相続などは法制度として正面から認めなかった。けれども、そのルールや精神は戸主相続を通して民法に反映されたとしている(申榮鎬 1991, 582)。

したがって、宗中の法的位置づけの不安定さは、宗中をめぐる訴訟において戸主制に準じて解釈されたり、慣習法などにもとづいて解釈されるなど、裁判例ごとにその判断が混線する要因にもなっている。戸主制の廃止をめぐる議論のなかで儒林などの保守派が、宗中の団体ルールを「宗事法」という実定法で法制化することを主張するのも、この団体の法律関係の不安定さを危惧したからである(구상회 2000, 15)。

2 宗中団体の特徴

では、宗中団体は、そもそもどうして民法などの実定法で長く規律されてこなかったのであろうか。もちろん、それは、すでに説明したように植民地時代の法制や民法制定の経緯から植

民地当局や民法制定の立法者（法案立案者や国会など）の政策的な意図に基因している側面もある。しかし、それだけに止まらない。宗中という集団が、近代法の原理で把握することが困難な社会実体であるという点にもその理由がある。植民地の時代、朝鮮総督府で認識した宗中とは、相互に親睦を目的とする宗族団体で、先祖を契機として成り立つものである。この団体は、慣習上、当然に成立するものであるから、契約などの関係者の合意が必要でなく、ある者に子孫が2人以上いれば、その者の死亡と共に成立する（鄭光鉉 1967, 173）。いわゆる、今日の韓国の裁判例にも影響を与えた自然発生団体説である。宗中は、個人の集まりというよりも、先祖を同じくする子孫たちのひとつの血縁集団である。つまり、この団体は、法人の設立行為や組合の契約など、個人間における意思の合致で成立する任意団体とは異なり、先祖祭祀や血縁関係で必然的に発生する非契約団体である（鄭光鉉 1967, 173 参照）。宗中は、権利義務の発生や団体の成立を人の意思に求める近代法の考え方では説明のつかない社会実体である。

しかも、宗中の財産などは、個人主義を前提とした近代法の権利義務関係に馴染まない。すでに述べたように、その構成員（宗員）個人の持分などに分割してその財産を捉えることが妥当でない場合もあり、共同体という集団単位で財産の帰属を捉えることが要請される。ところが、植民地時代の時からこの血縁集団には、権利・義務の享有主体である法人格を認めていなかったことから、土地などの宗中の不動産に対する登記は団体名で表記することが許されていない。公簿上は、個人一人または数人の所有名義になっていた。当時でも名義人が宗中不動産を無断で処分した事例が多く、それを譲り受けた者と宗中やそ

第2章　2005年の民法改正以降の宗中団体

の宗員の間でその権利関係をめぐって争いが起きていた（大村ほか 2010, 53〔権澈・執筆部分〕）。最近でこそ、宗中の一部には法人格が与えられた法人も現れている。しかし、宗中のほとんどは、法人として法人格を付与するほどの社会実体を備えていないのが通常である。だからこそ、法院では、宗中を法人格なき団体（権利能力なき社団）と位置づけてきた。宗中団体の財産に対する法的な不確定さが、裁判例や学説でこの団体の共同所有関係について共有、合有および総有などの法的性質に論争をもたらした。そのために、宗中財産をめぐって宗員間などでの法的紛争がいまだに絶えないのである。

　宗中団体は、このように近代法原理の支配する民法などの実定法で規定されることなく、慣習法や習俗などで規律されてきた。民法の制定において伝統的な宗法制は、その一部のルールが戸主を中心とした家制度の規範として実定法に規定することで制度化（表層化）した。その一方で、各家のメンバーたる家族が血縁として所属している宗中の団体規則は、従来どおり慣習法などで規律されることにより、家族法秩序の基層で機能している。戸主制と宗中との法的な関係からみると、韓国の家族法秩序は、民法の制定を契機に二重の法的構造を形づくっていったのである。もっとも、法秩序のこの二つの層とは、法的には厳格に区別されつつも、その法的な効力や機能の面で互いに分かち難いぐらいに影響し、共鳴し合っていた。かつ、社会的存在としては、両者が二重に重なり合うほどに混淆して韓国の人々に認識され、今までその境界が漠然としていた。

第2部　戸主制の廃止以降における儒教家族のゆくえ

3　女性への宗員資格をめぐる宗中団体

　ところが、1990年の民法改正を経て、家制度に表れた宗法制のルールの一部（異姓不養の原則、戸主相続の強制など）が廃止され、戸主の権限もほぼなくなり、戸主は戸籍筆頭者としての形式的な地位となった。この改正で家族法秩序の二層に亀裂が生じ始め、その亀裂は徐々に深まっていった。そして、ついに2005年の改正で戸主制が全面的に撤廃され、それと共に宗法制の規定の多く（同姓同本禁婚制など）も削除された。この民法改正により、今まで法秩序の表層を形づくっていた戸主制があたかも雪崩の如く崩れてしまったのである。このことは、家族法秩序の一角をなしていた家制度そのものがなくなったことを意味する。

　では、慣習法などで規律されている宗中の団体ルールは、実定法に規定された家制度の消滅でどのような影響を受けたのであろうか。この点が問題になる。まずこの課題を検討する上で取り上げるべき裁判例がある。それが2005年7月に下された大法院の判決である（大判2005年7月21日、2002다1178）。これは、伝統的に男子のみで構成されてきた宗中団体においてはじめて女子にもその宗員の資格を認めたものである。「娘たちの反乱」と社会問題にまでなった事件である。今までの男系血統を中心とした儒教的な家族観念からは想定できないほどに画期的な判決である。日本でもこの裁判例が紹介された。特に、日本の沖縄で類似の事件が発生し、この裁判例と対比されてきた（大村ほか 2010, 71）。以下では、この裁判例に関する事件の概要と判決要旨を紹介する。

図12　事件の概要図

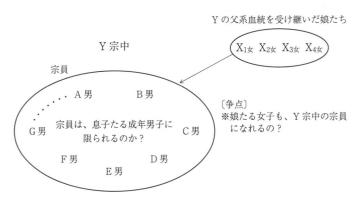

【事件の概要】（図12）

　被告Y宗中は、龍仁Ⅰ氏の始祖から18代目の末孫たるAを中始祖とする支派の宗族団体（中宗中）である。原告X女ら4名は、その中始祖の子孫である女性たちであり、龍仁Ⅰ氏の33代目である。X女らは、Y宗中の所有財産の処分による各宗員への利益配分を得るために、また、Y宗中の規約に定められた宗員の敬老金や子どもの奨学金を得るために、Y宗中の宗員資格の確認を法院に求めたのが本事件である。Y宗中の規約3条に「本会は、龍仁Ⅰ氏A支派の後孫で成年になれば、会員の資格を有する」とのみ定めている。X女側は、この規約には会員の資格を男子に限っていないことを主張する。

【判決要旨】

　宗中とは、同じ先祖の墳墓を守護し、その祭祀および宗員

相互間の親睦などを目的として構成された自然発生的な宗族である。こうした目的と本質から宗中を捉えると、先祖の姓と本を同じくする子孫は、性別の区別なく、成年になれば当然にその構成員になるとみるのが条理に適うというべきである。

従来の慣習は、長く宗員資格を成年男子にのみ限定し、女子にその資格を付与してこなかった。この慣習に対して、最近、我々社会の構成員が認識する法的意識は、相当に揺らぎだし、弱まっている。憲法を最上位の規範とするわれわれ全体の法秩序は、何よりも個人の尊厳と両性の平等を基礎とした家族生活を保障し、家族内の実質的な権利と義務において男女に差別を設けないものとしている（憲36条1項）。かつ、この秩序は、政治、経済、社会および文化など、あらゆる分野で女性に対する差別を撤廃し、男女平等を実現する方向で変化している（憲11条1項）。

以上の観点から上の慣習を捉えると、今までの慣習は、先祖の墓地を守護し、祭祀などの宗中の活動に参加する機会を、出生や性別にもとづいて生来的に付与したり、あるいは剥奪してきた。こうした慣習は、上のように変化するわれわれ全体の法秩序に符合せず、正当性と合理性を見出すことができない。したがって、宗中構成員の資格を成年男子だけに制限してきた従来の慣習は、現在、これ以上、法的な効力を有しえなくなったというべきである。

4　宗中団体の現代的変容

2005年の裁判例で宗員資格について娘（女性）にも認めよう

第2章　2005年の民法改正以降の宗中団体

とする動きは、単に性差別を禁止した憲法の人権保障の観点だけではない。法院自らも示唆するように、韓国社会の変化に伴って宗中団体の実態や社会的な機能の変容にもその根拠が挙げられている。すでに述べたように、近年、子どもの出生率が著しく低下し、「子は娘だけ」という家族も増えている。男の子が必ず必要であるとの家系継承の観念は、それだけ弱まっているという。宗中の先祖祭祀に女性が参加するのも珍しくなくなっている。

　たとえば、宗中意識がとても強いといわれていた慶尚北道の安東地方でさえ、1994年の研究調査報告（李徳勝など）によれば、当時、宗中40団体のうち、19の宗中がすでに娘にも宗員資格を認めていた。さらに、血筋の異なる妻や嫁にまでその資格を認める宗中も存在するという。当時から安東地方では、農村の過疎化が進み、若者を中心とした男手の多くは都市に移り住み、かつ、少子化に伴い男の子のいない家庭が多くなっていった。この場合、宗中の宗員を男子だけに限ると、宗中に参加できない家庭が増え、人々の宗中に対する関心も弱まっていき、宗中団体そのものが衰退していくことを危惧してのことのようである（李徳勝 1994, 23-24）。

　最近は、成年女子に宗員の資格を認めるだけではない。宗員たる女性が、宗中団体の役員として活動しているところも増えているようである。また、血族の系図たる族譜に娘を息子と共に載せることが一般的になり始めている。宗中に女性が参加することで韓国の祭祀文化そのものが大きく様変わりしているとされる（윤진수 2007, 21）。今回、法院側では、異例にも判決を下す前に独自に宗中に関する国民および専門家の意識調査をしたようである（サンプル母数など不明）。その結果、従来の慣習

第2部　戸主制の廃止以降における儒教家族のゆくえ

写真5

ソウル市に立ち並ぶビルの一室にある宗中団体の事務所である（筆者撮影）。

どおりに宗中の宗員資格を男子だけに限るべきかの設問に対して、一般国民の場合、69.7％が反対した。専門家（弁護士および韓国法学教授協議会所属の大学教授を対象）の場合、64％が反対の意見を示したとされる（대법원 공보관 2005년 7월 21일자 보도자료, 2）。現代社会の実態としてすでに宗中の宗員に娘をはじめとした女性を含めているケースが多かったようである。今回の法院の判決は、こうした社会の実情を考慮したようである。

　それ以外にもこの判決ではある事実に注目する。それは、宗中という団体の性質が現代社会で変容していることである。すなわち、宗中の第一目的である祭祀共同体という性格が弱まり、むしろ団体に帰属している財産的価値に重きが置かれつつある

という事実である。いわゆる、「祭祀共同体から財産的共同体へ」と団体の性質が変化している。特に、80年代ごろから首都ソウルだけでなく、全国にマンションの建設が推進されるなど、政府の国土開発計画によりその計画の対象地域になった宗中財産たる不動産の財産的価値が高騰した。今も国土開発（首都機能移転地区〔世宗市〕や2018年冬季オリンピック開催地域〔江原道平昌郡〕など）による不動産価値の上昇傾向は続いており、これに便乗しようとする人々や宗中団体は多い。

　また、各々の宗中団体では、毎年、定期的に実施される先祖祭祀などの行事を運営する祭祀費用を捻出するための財産運用の方法にも現代的な変化が見られる。従来あった位土を処分し、その処分金で大都市や中都市の市街地に土地を購入し、そこに宗中団体のビルを建設する。その建物の一部に宗中の事務所を設け、そのほかの空間はテナントとして店舗、事務所および賃貸マンションの形で他人に貸す（**写真5**）。そこで得られた賃料は、祭祀費用やそのほかの宗中目的の使途に使われるケースが多くなっている。具体的には、宗員間の親睦、子弟への奨学金の支給、生活の扶助、文化財の保護、さらに政治勢力への応援や支援といった目的などでその運用収益が使用されるようだ。これに対して、ある宗中の元老たちは、先祖代々にわたって受け継がれきた土地を安易に処分するのは先祖に対する「礼」ではないとして、頑なに伝統的な方式を守っている宗中団体もある（李德勝 1994, 30-31）。宗中という伝統にも、このように資本主義の波が押し寄せ、宗中財産は次第に位土よりも財産価値のある都市の土地や建物、さらに金融（預金金利、株式さらに有価証券などの投資運用で得られた利殖分で祭祀費用を賄う）という形態に変わりつつある。

第2部　戸主制の廃止以降における儒教家族のゆくえ

　他方では、近頃、生活物資の物価高騰で一祭祀にかかる費用がかさばっている。ひとつの宗中で年間に支出される祭祀費用が膨らみ、その負担が宗孫や長男に重く伸し掛かっている。祭祀の費用負担を軽減させるために、次男や三男など、兄弟間で先祖祭祀を輪番にしたり、年間の祭祀の回数を減らし、四代奉祀とはせずに三代や二代の先祖に限って祭祀を行う宗中も増えているようである（李德勝 1994, 40）。

　このような現象を整理すると、宗中団体の現代化に伴って、宗員資格を娘たちに認めることで伝統的な慣習に対しても男女の平等化が図られている。また、この団体の財産性がクローズアップされると、宗中団体は先祖祭祀という本来の目的である祭祀共同体の性質よりも、団体の経済的利益や宗員の親睦を中心とした財産的共同体および親睦共同体という特徴の方が強まっている。最近、韓国の研究でも、宗中団体の法的性質の見直しを唱えている。植民地時代から捉えられてきた「自然発生団体説」に対しては、すでに歴史的な観点から朝鮮時代などの宗中集団の実態に相応していないとする見解がある（金斗憲 1969, 91-92：鄭肯植 2007, 514 ほか）。宗中は、歴史的に宗員たちによる団体結成の意思、すなわち宗約（宗中の定款）にもとづいて成立するものであり、自然発生する団体ではないとする。また、この自然団体説は、もはや現代の韓国社会の実態にマッチしていないとの指摘もある。宗中団体もその財産性や構成員の親睦に組織の目的があるとすれば、民法が想定している「社団法人」や権利能力なき社団と同じく一般の任意団体と同様に捉えるべき場合があることを主張する（金載亨 2005, 340 ほか）。宗中団体の現代的な変容は、法的な側面からも著しくなっている。

第3章　宗中団体における祭祀相続の変容
——「祭祀を主宰する者」とは？

1　祭祀相続をめぐる長男と弟、姉妹

　2005年の民法改正で戸主制の廃止が決定した後、韓国の法院は、宗中団体の宗員資格に男性だけでなく、今まで男系血族内で血統的に疎外されていた女性（娘）に法的地位を認めることで、伝統的な家族集団のなかにおけるジェンダーバランスを図ろうとした。

　しかし、これだけに止まらなかった。韓国社会では、さらに宗中団体の核心である**「祭祀相続」**そのものまでも見直そうとする動きがあった。祭祀相続の決定方法を改めることによって、その観念を本質的に変化させる裁判例があらわれた。それが2008年2月に示された憲法裁判所の決定と同じ年の11月に下された大法院の判決である。主に祭祀用財産の相続主体である「祭祀を主宰する者」についてそれぞれ判示したものである。すなわち、民法は「墳墓に属した1町歩以内の禁養林野〔伐採や養林を禁止して祭祀用に供する林野をいう—筆者注〕、600坪以内の墓土である農地、族譜及び祭具の所有権は、<u>祭祀を主宰する者がこれを承継する</u>」と規定する〔下線部筆者〕（改民1008条の3）。ふたつの裁判例は、戸主制の廃止以降、この規定による祭祀相続がどのように変化したのかを直接に扱った事件である。

第2部　戸主制の廃止以降における儒教家族のゆくえ

　今まで先祖祭祀の主宰者たる「宗孫」の地位は、宗中内の男系血統の序列により必然的にその直系たる嫡男の長子が第一順位としてその地位を受け継ぐようになっていた。いわゆる、**父系血統長子優先主義**である。2008年大法院の事件では、この原則に対して、今まで韓国社会でよく争われてきたことが問題となった。第一は、長子以外の次男や三男などの男兄弟には、宗孫の地位を継承するチャンスが少なかったことである。長男がその地位をほぼ独占していた。第二は、法律上の夫婦関係で生まれた婚内子（嫡子）と内縁の夫婦関係で生まれた婚外子（庶子）ではその地位継承において嫡子が最優先されたことである。正式な「妻」との間に生まれた子どもこそが、より正統な父系血統を受け継いでいく資格があるとの考え方にもとづいている。第三は、娘は、上記の息子たちと異なりそもそも宗孫の地位継承の対象から除外されており、その可能性すらも存在しなかったことである。それは、先祖から受け継がれてきた父方の血統を将来にわたって絶やすことなく永続させうる存在が、その血を引き継いだ男の子においてほかに存在しないとの伝統的な観念に由来しているからである。

　ところが、2008年大法院の判決は、こうした従来の慣習について大幅な修正を迫った裁判例であった。具体的には、従来の慣習の効力を否認して、次男以下の男兄弟や娘にも祭祀主宰者の地位を受け継ぐことができる可能性を与え、さらには嫡子と庶子との差別をなくして、憲法に依拠した現代的なルールで宗孫の継承を決定するという判決内容である。韓国における今までの祭祀相続の観念を一変させるような画期的な裁判例である。以下では、その詳細を見ていくことにする。

第3章　宗中団体における祭祀相続の変容

2　祭祀用財産の相続規定と祭祀相続の問題点

　宗中の祭祀相続については、すでに述べたように民法などの実定法で規律していない。主には社会の慣習で定めている。唯一、墓地、族譜および祭具などの祭祀用財産についてのみ民法でその相続のルールを定めているに過ぎない。民法の制定当初では、この財産をすべて戸主相続人に単独で相続させていた（旧民996条）。すなわち、「墳墓に属した1町歩以内の禁養林野、600坪以内の墓土である農地、族譜及び祭具の所有権は、戸主相続人がこれを承継する」〔下線部筆者〕（**写真6**）。これは、先祖祭祀の伝統を日本式の家(イエ)制度の相続観念である「家系継承」の一環として捉え、家長たる戸主の死亡と共に戸主相続人に祭祀用財産を引き継がせることにしたのである。日本の植民地時代に日本の家制度と現地の祭祀相続を融合させたルールが、戦後、韓国の現代法にそのまま受け継がれた規定である。

　ところが、1990年の民法改正では、戸主制の機能を弱めるために、戸主の権限が大幅に縮小された。戸主相続人の特権をなくすために、戸主相続制度から単に戸籍筆頭者たる形式的な地位のみを引き継がせる戸主承継制度に変更された。その結果、祭祀用財産の相続主体についても戸主承継制度から切り離されて、戸主承継人ではなく「祭祀を主宰する者」に単独で相続するようにしたのである（改民1008条の3）。問題は、この「祭祀を主宰する者」が具体的にだれを指すのか、またどのようにこの相続主体を決定するのかの法的基準を民法で定めなかったことである。この相続主体の決定基準については、裁判例や研究者の間でも意見が分かれている。

第2部 戸主制の廃止以降における儒教家族のゆくえ

写真6

全国各地で見られる一般的な墓地の風景である(筆者撮影)。

一方、日本民法の場合は、次のように規定する。

第897条(祭祀に関する権利の承継)
1 系譜、祭具及び墳墓の所有権は、……慣習に従って祖先の祭祀を主宰すべき者が承継する。ただし、被相続人の指定に従って祖先の祭祀を主宰すべき者があるときは、その者が承継する。
2 前項本文の場合において慣習が明らかでないときは、同項の権利を承継すべき者は、家庭裁判所が定める。

日本では、まず被相続人が祭祀主宰者を指定することができる。この指定がない場合は慣習による。慣習が明らかでないと

きは、家庭裁判所で祭祀主宰者を決定することになっているのである（二宮 2005, 316）。けれども、韓国には日本のような規定がない。1990年の民法改正時に日本と同様の規定を設けようとしたが、これは導入されなかった。韓国の場合、被相続人の意思で「祭祀主宰者」を指定することはできないのである。

その後、2005年の民法改正では、戸主制の廃止にもかかわらず、祭祀用財産の相続規定はそのまま存続した。この相続規定については、1990年の改正で戸主承継制度の導入に伴って戸主制とは完全に切り離されたものと国会で認識され、戸主制廃止の対象から除かれたからである。しかしながら、国会の判断でこの相続規定を存続させたことが、憲法上、容認されるのか、という点がなお問題となった。それが、2008年2月に祭祀用財産の相続規定の違憲性をめぐって憲法訴訟が憲法裁判所に提起された事件である。

憲法上、なぜ、1008条の3の規定が問題となるのであろうか。韓国の民法では、日本の民法と同じく財産相続について一般に共同相続人の間で同じ相続順位であれば、それぞれの相続分を均等に分割して相続させることを原則としている（**均分相続制**）（改民1009条1項）。これに対して、祭祀用財産の相続規定は、祭祀主宰者一人にそのすべてを単独で受け継がせるもので、均分相続の原則と相容れない制度である（**単独相続制**）。これは、祭祀主宰者と共同相続人の間で相続分に著しい差を設けるものであるから、その差別を合理化させるほどに今日でも先祖祭祀の伝統を財産的な側面から法的に保護する必要性があるのか否かが問題となった。

また、もうひとつの問題があった。それは共同相続人間の不平等な取り扱いである。今までの裁判例や慣習法によれば、祭

祀用財産の相続人たる「祭祀主宰者」とは、父系血統の長子孫たる宗孫となる者である。これに依拠する限り、その地位の継承は、男系血統や長子を優先するもので、娘や次男以下のそのほかの相続人を差別することになり、彼（女）らの平等権を侵害するおそれがある。「祭祀主宰者」の地位を継承させる根拠として、ほかの兄弟姉妹の平等権を制約しなければならないほどに今なお男系血統や長子を優先させることの合理性を見出すことができるのかが、本事件の争点となった。

3　祭祀用財産の相続規定に対する合憲性

憲法裁判所は、戸主制の廃止後、2008年2月に祭祀用財産の相続制度に対して、次のような理由から合憲であるとの決定を下した（憲決2008年2月28日、2005헌바7：以下、「憲決2008」とする）。

すなわち、韓国の相続制度においては、近代に至るまで財産相続と共に祭祀相続にとても重きが置かれてきた。これは、先祖を崇拝し、先祖の恩に報い至誠を尽くそうとする儒教の礼教思想に由来するものである。古来から淳風美俗のひとつとして捉えられている。民法1008条の3で定める「祭祀用財産」とは、このような韓国の伝統的な祭祀相続にもとづき、永代にわたって先祖祭祀を長く執り行うためにその祭祀費用を賄う目的から準備された財産である。のみならず、この財産は、各血族のシンボルであり、精神的、文化的な価値をもった特別な資産であって、家門の誇りや宗族内の結束を図る媒介物という特徴を有している。

したがって、本条の目的は、こうした祭祀用財産を保全する

第3章　宗中団体における祭祀相続の変容

ことにより、先祖祭祀と祭祀奉行という韓国の伝統を守護するところにある。憲法の前文や第9条で「伝統文化の継承と発展」を定めている憲法の趣旨からもその正当性が認められる。また、祭祀用財産を共同相続人の間で均分に分ける分割相続の対象にすると、結局、先祖祭祀を実施するために供した財産が分散したり、散逸してしまうおそれがあり、祭祀用財産としての本来の目的を果たすことができなくなる（憲決 2008, 227-228）。

　憲法裁判所は、以上の理由から祭祀用財産の相続制度が今なおその存在意義を失っていないと判示した。

　もうひとつの論点である相続人間の不平等については、つぎのように判断した。祭祀用財産の相続規定でいう「祭祀主宰者」の決定方法は、法律上、具体的な基準や条件を定めていない。それゆえに、裁判所では、民主的な方法である「話し合い」で決めることを提示する（憲決 2008, 229）。つまり、この決定ではまず共同相続人間の協議で定めることを説き、宗孫以外にも次男以下の子孫や娘がその主宰者になりうることを示唆する。祭祀主宰者の継承について、宗孫だけにこだわらず、現代的な意思決定の方法を採用することで、女性にもその資格を与えようとしている点からこの決定は注目される。

　ただし、問題は、話し合いが物別れに終わったり、争いが生じた場合など、当事者間の協議が成立しなかったときである。本人たちが裁判にわざわざ訴えるのは、ほとんどの場合、話し合いで決着がつかないからである。民法1008条の3の規定が、紛争解決で効力を発揮するのは、このケースである。

　憲法裁判所は、当事者間での協議が成立しない場合、宗孫がその地位を受け継ぐと判示した。その理由としては、本条の目

的たる先祖祭祀という「伝統の守護」から従来の慣習に依拠すべきことを挙げている（憲決 2008, 230）。しかし、この決定に対しては、結局、父系血統長子優先主義を温存するもので、憲法の性差別禁止の原則に反し、かつ、ほかの共同相続人の平等権を侵害していると異議を唱える研究者もいる（鄭肯植 2015, 115）。協議が成立しない場合、従来の慣習にもとづいて祭祀用財産の相続主体を決めようとする点については、今回の決定になお問題があるようである。

以下では、当事者の協議が整わない場合、いまだに従来の慣習にもとづかざるをえない裁判例の問題性を掘り下げてみよう。

4　祭祀相続についての従来の「慣習」

まず、2008年憲法裁判所の決定で不明確なのは、この決定で依拠した「従来の慣習」とは具体的にどのようなルールなのかということである。つまり、宗中団体において「祭祀主宰者」たる地位の継承は、慣習上、どのようなルールで決定されてきたのかという問題である。この慣習を明らかにしてこそ、われわれの関心事である戸主制の廃止以降、こうしたルールがどのように変化したのかを検討することが可能になる。祭祀主宰者の継承に関する慣習のあり方について具体的に問題となったのが、次に紹介する2008年11月に下された大法院の決定である。この判決を説明する前にまず慣習の中身から明らかにすることにする。

1990年の民法改正では、祭祀用財産の相続主体が「戸主相続人」から「祭祀主宰者」に変更された。改正前の「戸主相続人」は、民法で戸主相続の順位が厳格に定められていたことか

第3章　宗中団体における祭祀相続の変容

らその決定は比較的に容易であった（旧民984条）。ところが、「祭祀主宰者」については、すでに述べたようにその地位に関する概念規定や決定基準が法律ではまったく定められていない。その結果、祭祀用財産の相続主体が、1990年以前よりも不明確になってしまったのである。

　1990年の改正以降、一般の法院では、この「祭祀主宰者」概念の不明確さを韓国の伝統的な慣習にもとづいて補完していこうとした。すなわち、共同相続人のうち、宗孫がいれば、彼に祭祀を主宰する地位を維持させることができない特段の事情がない限り、宗孫が祭祀主宰者の地位を承継すると判示した（大判1997年9月5日、95다51182）。伝統的な宗法制では、祭祀主宰者は相続人間の協議によらずに、父系血族における血筋の序列により必然的にその直系で嫡男の長子たる宗孫がその地位を受け継ぐようになっている。宗孫がいない場合は、宗孫の長子（嫡孫）、衆子（宗孫以外の嫡男：次男、三男など）、庶子（婚外子）、衆孫（衆子の長子）、そして庶孫（庶子の長子）の順位で祭祀主宰者の承継が決められていた。その根拠は、宗法制の祭祀相続を考慮に入れながら、先祖祭祀を通して男系血統中心の血族（宗中団体）を永代にわって存続させる目的を重視したからである。また、この継承の順位は、日本の植民地時代の慣習でもほぼ同様の序列であったことに依拠している（中枢院1933, 付録58）。先ほどの2008年憲法裁判所の決定は、一般法院のこうした裁判例にもとづいたようである。

　韓国のある研究者は、法院の立場を支持する。1990年の民法改正は、韓国本来の伝統に回帰させるために、祭祀用財産の相続制度を戸主相続から切り離してあえて祭祀主宰者にその財産を継承させるように変更したのである。法院の見解は、90

年の民法改正の趣旨に最も合致した解釈だからである。これに対して、別の研究者は、1990年に民法が改正されたとはいえ、祭祀用財産の相続の本質はなお家系継承＝祭祀相続という観念にもとづいていると主張する。法の規定では「祭祀主宰者」とはなっているが、原則としてこれは戸主承継人（戸主相続人）と解釈しなければならないと説く。この概念をめぐって研究者の間では見解が分かれているものの、実務では法院の理論にもとづいて処理されていた。

5　祭祀用財産の相続規定に対する2008年の大法院判決

では、2005年の民法改正で戸主制が全面的に廃止された後、民法1008条の3で定める「祭祀を主宰する者」の概念とは、どのように変わっていくのか、あるいは変わらないのだろうか。この点が、戸主制の廃止に伴って儒教的な家族観念がいかに変化していくのかを知るためには重要な問題になる。以下では、このことを明らかにした大法院の判決を取り上げる（大判2008年11月20日、2007다27670：以下、「大判2008」とする）。

本事件の争点は、主に二つある。ひとつは、亡き父の遺骨の引渡しをめぐって、その法的な正当性が婚内子（嫡子）の長男と婚外子（庶子）の長男のいずれに存在するのかという点である。もうひとつは、故人自らの遺体に対する事後処理（埋葬方法や埋葬場所の指定など）について生前に具体的な遺志を残している場合、その遺志が法的にどの程度まで保護されるのか、という点である。

まずは事件の概要から見ていくことにしよう。

第3章　宗中団体における祭祀相続の変容

図13　事件の概要図

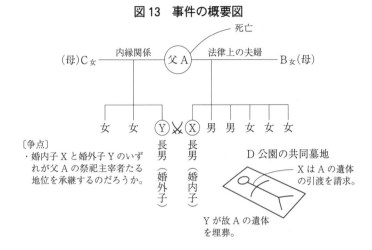

【事件の概要】（図13）

　父Aは、1947年7月に母B女と婚姻し、長男である原告X（婚内子）をはじめ3男3女を儲けた。ところが、Aは、1960年以降、B女と別居状態に陥り、C女と同居して内縁関係になった。C女との間には、長男である被告Y（婚外子）を含めて1男2女が生まれた。その後、40年近く父Aと子Xらとの往来や養育した事実がない。そして、2006年1月に父Aが死亡した。その後も、X側からの供養もなく、ほぼ絶縁した状態にあった。子Yは、父Aの死亡当時、財団法人D公園から墓地使用権の分譲を受けて、この団体が運営する京畿道所在のD公園霊園内の墓地に父Aの遺体を埋葬した。このことは、生前Aの遺志によるものであった。ところが、Xは、父Aの遺骨を含めた祭祀用財産の相続主体たる「祭祀主宰者」の地位が婚内子である自らに有してい

175

ることを理由に、Yや財団法人Dに対してこの墓地に安置されたAの遺骨の引渡しを求めるために法院に訴えたのである。

【判決要旨】

　民法1008条の3でいう「祭祀主宰者」は、まず故人の共同相続人の間で協議して定めなればならない。この協議が成立しない場合は、祭祀主宰者の地位を維持することができない特段の事情がない限り、故人の長男――長男が死亡したときは、長男の息子――が祭祀主宰者となる。共同相続人のうち、息子がいない場合は、故人の長女が祭祀主宰者となる。ただし、同等な条件と地位にある者が複数いたときは、年長者が優先する。

　イ．社会生活規範としての慣習および慣習法は、憲法を最上位規範とする全体の法秩序に反し、正当性と合理性のないときにはその効力を認めることができない。共同相続人の間での協議にもかかわらず、嫡男の長子が優先して祭祀主宰者の地位を承継する従来の慣習は、長子以外の相続人たちの自律的な意思を無視しており、かつ、婚内子と婚外子との間に差別を設けるもので、個人の尊厳と家族の平等を基礎とする今日の家族制度に符合しない。したがって、この慣習および慣習法は、その法的効力を維持することができず、その慣習に依拠してきた今までの大法院判決もやはり判例法としての効力を有しないものとみるのが相当である。

　ロ．民法は、市民間の契約や秩序は当事者の意思にもとづいて形成されるという私的自治の原則をその基本原理としている。それゆえに、本件のように共同相続人がいる場合は、

まずその間での協議にもとづいて祭祀主宰者を定めるべきである。

ハ．ロの協議が成立しない場合は、次のように決めるべきである。祭祀用財産の承継についての法律関係を簡単明瞭にするためには、特定の一人を定め、かつ、その者は、社会通念上、祭祀主宰者として正当性が認められる人物でなければならない。今日、先祖崇拝を通した父系血族中心の家系継承は、その性格が多く変化したとしても、いまだに強く守られている。仮に、個人の価値観や地域による伝統や文化に程度の違いがあっても、子である長男ないしその孫息子が祭祀主宰者となり、息子がいなければ、長女が祭祀主宰者になることの認識が社会に広がっている。また、同じ条件や立場にある者が複数の場合は、年長者を優先させる。これが韓国の伝統的な美風良俗であり、一般的な社会通念である。

したがって、被告Yよりも年長者であった原告Xが勝訴し、Xに故人Aの遺骨引渡請求が認められた。

6 2008年の大法院判決の新しい視角と結果の妥当性

上の裁判例は、まず民法1008条の3で定める「祭祀主宰者」を解釈する前提として2005年の民法改正により、本条にかかわる従来の慣習や裁判例の理論が大幅に修正されたことを明らかにした。この改正では、すでに述べたように戸主制が廃止され、戸主を中心とした家制度から、夫、妻および子どもたちを中心とした新しい家族制度に再編された。2008年1月1日に戸籍制度さえも廃止され、新たに家族関係登録制度が導入された。

第 2 部　戸主制の廃止以降における儒教家族のゆくえ

　その背景には、次のような韓国社会の変化がある。すなわち、現代の韓国は、急速な経済発展を成し遂げることで社会が高度に産業化すると共に都市化していった。今まで宗法制を支えていた大家族制度もその変化を余儀なくされ、今日、人々の多くは核家族化した小家族で暮らしているという実態がある。それゆえに、大家族制度を前提として父系血族を維持させるために嫡男の長子に先祖祭祀を優先的に承継させる従来の慣習は、現代社会の実情に沿わなくなってきている（大判 2008, 176-177）。

　のみならず、この慣習は、長子以外の共同相続人の人権を侵すおそれがあった。従来の慣習によって祭祀主宰者を決定する方法は、彼（女）らの協議なく一方的に決定されることから、当事者の自律的な意思が考慮されておらず、憲法上の個人の尊厳に反する。また、この事件では、亡き父への祭祀相続をめぐって婚内子と婚外子が争っている事実があり、今日では祭祀主宰者の地位の継承を婚外子よりも婚内子に優先させる合理的な理由を見出せない。むしろ、この慣習は、婚外子に対する著しい差別に当たり、憲法で定める平等の原則にも反する。

　したがって、この裁判例は、今までの慣習の法的な効力を否認すると共に、この慣習にもとづいてきた従来の裁判例の効力も無効とした。この裁判例の重要性は、2005 年の民法改正を契機として、戸主制に関連した祭祀相続に対する既存の法的基準を一旦すべてリセットしたところにある。

　それを前提として、大法院は、制定法がなくて実定法上の根拠が見出せなかったり、慣習法が存在しない場合などの法的な空白状態において、法解釈の最後の拠り所になる民法 1 条の「条理」にもとづいて新たな法的な基準を導き出そうとした。この 1 条は、次のように規定している。「民事に関して法律に

第3章　宗中団体における祭祀相続の変容

規定がなければ、慣習法による。慣習法がなければ、条理による」（改民1条）。大法院は、この「条理」にしたがって「祭祀主宰者」を次のような観点から解釈した。①私的自治の原則、②祭祀用財産の相続を定めた民法1008条の3の立法目的、③先祖祭祀の歴史的・社会的意義などである（鄭肯植 2015, 120）。

　大法院は、まず祭祀用財産が「祭祀主宰者」に単独相続することについては先ほど紹介した2008年の憲法裁判所の決定に依拠して、その合憲性を確認した。この制度は、共同相続人の間で分割相続する相続法の原則に例外を設けたものであるが、先祖祭祀の伝統を守護するという観点から制度の合憲性を大法院でも明らかにした。要するに、この裁判例は、2005年の民法改正以降も民法1008条の3が法律としてなお有効な規定であることを示したのである。

　また、「祭祀主宰者」の決定方法についても、2008年の憲法裁判所の決定にしたがった。ただし、私的自治の原則からより説得的な理由づけを行っている。従来は、父系血統長子優先の考え方による「血筋の序列」でその主宰者を決定する慣習法にもとづいていた。ところが、この裁判例は、過去の慣習法を否定し、民法上の権利関係は何よりも私人間の意思を尊重しようとする私的自治の原則にしたがって、共同相続人の間での協議により祭祀主宰者を決定するようにした。この協議の可能性としては、長男にその地位が引き継がれる傾向が強かった今までの方法とは異なり、次男以下の子孫や娘にも祭祀主宰者になることができるようにしたことである。これは、祭祀用財産の相続に直接の利害を有する共同相続人たちの意思を尊重しようとしたことによる。

　その上、この大法院の判決は、2008年の憲法裁判所の決定

179

第2部　戸主制の廃止以降における儒教家族のゆくえ

よりもさらに踏み込んだ結論となっている。まずは、祭祀主宰者の継承において婚内子(嫡子)と婚外子(庶子)との差別をなくし、その出自にもかかわらず、子どもの法的な立場を対等に取り扱おうとしたことである。その優先順位を年齢にもとづかせて、年長者にその地位を継承させるようにした。さらに、娘しかいない血族の場合、長女がその地位を受け継ぐようにしたことである（鄭肯植 2015, 130）。2008年の憲法裁判所の決定に比べて、この判決は両性の平等原則および個人の尊厳を貫徹しようとしたのである。

　ただし、年長者という基準にもとづいて婚内子XにA遺体の引渡請求権を認めた本裁判例の結論には疑問の余地があろう。ひとつは、年齢という基準で事件を形式的に当てはめることにより、Aとの親子関係がほぼ絶縁状態にあるXよりも長くその親子関係を維持しつつ、今回、父Aの死を直接に看取り、墓地への埋葬をして供養した婚外子Yの心情や追慕などの実質的な事情がほぼ考慮されていないことである。もうひとつは、D霊園に自らの亡き骸を埋葬してほしいとの故Aの生前の遺志がこの判決ではほぼ尊重されなかったことである。Aの遺志や40年近く共に生活をしてきたYをはじめ、妻Cやそれ以外の子どもたちが有する故人への弔いの気持ちや期待を考えると、結論としては、Xの請求を認めないか、あるいはYとXの双方にAの遺骨を分骨するという方法もあり得たように思える。韓国の研究者のなかにも、本裁判例の結果の妥当性について疑義を唱える学者がいる。なお、Aの遺志については、後ほど検討する（本書第2部第4章 *1*(2)参照）。

第4章　儒教家族の「伝統性」と現代社会

1　「祭祀主宰者」の決定方法に現れた問題性

⑴　「家族伝統」を重視した大法院の判決——多数意見の立場

　祭祀用財産が「祭祀主宰者」に単独で相続される伝統的な規定は、すでに述べたように現代の韓国社会でもなお有効な制度として存続することが2008年の大法院判決でも確認された。ところで、この判決は、一方で重要な意義を有しつつも、それと同時にある重大な問題を孕んでいたのである。それは、戸主制の廃止後、宗中団体における祭祀のあり方をめぐり、伝統性と憲法的な価値を含めて様々な現代的な要請とが錯綜していることである。現に、2008年の裁判において大法院の裁判官（**大法官**）の間で見解が大きく分かれた。大法官13名のうち、多数意見が7名であり、反対意見が6名であった。1名の僅差で前者の見解が本判決の結論となったのである。

　彼ら裁判官で見解が大きく分かれたのは、具体的には次のような点である。「祭祀主宰者」の決定は、まず第一には共同相続人の間での協議によるのである。問題は、その協議が成立せず、当事者の話し合いではなお祭祀主宰者が決まらない場合である。この場合、どのような法的基準と方法でその地位を決定するのかで大法官の見解に争いが生じたのである。

　第一の見解は、祭祀相続の本来の原則である父系血統の長子になるべくその地位を承継させるべきである、とする伝統への

回帰を目指す立場である（**A 説**）。他方、わざわざ過去の旧習を廃して当事者の協議という民主主義の原則を導入したならば、協議が成立しない場合でも「多数決」などの方法を用いて民主主義的な理念を貫徹させるべきだとの立場がある（**B 説**）。また、当事者の協議でも成立せず、裁判にまで争うほどに互いの利害が対立している場合は、第三者機関である法院がその利害の調整に当たるべきであるとの立場である（**C 説**）。最後に、故人が生前に自ら遺体の死後処理について具体的な遺志を残しているのであれば、まずは何よりもその故人の意思を尊重すべきであるとの立場がある（**D 説**）。

祭祀主宰者の継承をめぐって、このように裁判官の間で伝統性と現代的な法価値との激しい対立があった。今、韓国社会で起こっている「家族の伝統」に対する大きなゆらぎが大法院の判断にも反映されているのである。以下では、各見解を実際に見ていくことにする。

まず、この裁判例の結論になった多数意見（**A 説**）から検討することにする。この説は、当事者の協議が成立しない場合は、次のルールで祭祀主宰者を決定することを主張する。すなわち、「祭祀主宰者の地位を維持することができない特段の事情がない限り、故人の長男――長男が死亡したときは、長男の息子――が祭祀主宰者となる」。このルールは 2008 年 2 月の憲法裁判所決定の論理にほぼ依拠したものである。もちろん、**A 説**は、娘にも祭祀承継の可能性を認めており、かつ、婚内子と婚外子との差別を廃して、その優先順位を年齢にもとづかせている。これは、男子を中心に祭祀相続がなされてきた慣習、および婚内子の立場を婚外子のそれよりも優先させてきた従来の慣習を修正した点で評価されている。けれども、祭祀主宰者の地

位に対する継承順位の基本的な考え方は、いまだに長女や次男以下の兄弟よりも長男を最優先させている。その主な理由は、「先祖崇拝を通した父系血統中心の家系継承は、今日その性格が多く変わったとしても、いまだに守られている」ところに求めている（大判2008, 170-171）。A説は、伝統的な祭祀相続に対する強いこだわりがある。

(2) 祭祀主宰者の決定と「現代的な価値」――反対意見からの視点

2008年の大法院判決の結論たる多数意見（A説）に対して、反対意見は主に三つの観点からこの見解を批判する。前で少し紹介したが、ひとつは民主主義にもとづいて祭祀主宰者を決定するものである（B説）。もうひとつは、法院が利害関係者の間の利益調整をしつつ、祭祀主宰者の地位を決定するのである（C説）。最後は、故人の生前行為や遺志をまず尊重して、祭祀主宰者の地位を決定すべきであるとの見解である（D説）。

B説は、次のような論理を展開する。現代の韓国社会は、産業化や都市化により家族形態の多くが核家族になっており、従来の家系継承の観念が社会の実情に合わなくなっている。今日の先祖祭祀の意義は、家系継承というよりはむしろ故人への追慕という性格が強まっている。「祭祀主宰者」の決定も、現代的な意思決定方法である「多数決」によることが合理的であり、民主主義に適うものである（大判2008, 178）。

C説は、B説のように先祖祭祀の社会的な性格が大きく変化しており、その事実認識には同意する。もちろん、多数決という決定方法は、民法上、社団、財団法人および一般取引など、財産法の領域での問題解決にはある程度、通用する面はある。けれども、家族法の分野では、人数による画一的な基準で物事

を決する方法は馴染まない。伝統と現代との価値が錯綜する今日の家族関係を調整することには妥当なやり方ではない。というのは、多数決の原理は、かえって親族や家族内でさらなる不和の原因になりやすいからである（大判 2008, 194）。したがって、**C 説**は、第三者機関である法院が個別の事案ごとに含まれている伝統と現代の価値を総合的に利益調整しながら、「祭祀主宰者」を決める方が合理的であると説く。

　多数意見を含め、今までの三つの見解は、故人の生前行為や遺志が民法 1008 条の 3 に反する場合、この規定は故人の行為や遺志を認めない強制的な規定（強行法規）であるとの前提に立脚している。**D 説**は、この理解に異議を唱える。すなわち、民法 1008 条の 3 の規定とは異なった故人の意思があれば、その意思を何よりも尊重すべきである。同条は、単なる被相続人の意思が不明確な場合にその意思の解釈を補充するための任意規定に過ぎないと主張する。というのは、従来の三つの見解は、いずれも本条によって墳墓に遺体や遺骨を安置する儒教式（宗法制）の葬儀方式が唯一、法律で認められた方法であるとの理解にもとづいているからである。

　ところが、そのほかの法律では、必ずしも儒教式のそれに限っていない。たとえば、「葬事等に関する法律」（法律 13108 号、2015 年 1 月 28 日改正）で認められた葬儀の方式だけでも、土葬、火葬および自然葬などの様々な方法がある（同法 2 条）。その方式は多様であり、墳墓のない葬儀もある。国民の代表機関である国会の総意において、葬儀に関する多様な方式やその価値を尊重してその法制化を図った。韓国の法体系上、葬儀のあり方は宗法制に限定しているわけではない。国民の願う様々な葬儀方法が法律ですでに認められているのである。実際に自然葬

(遺体や遺灰を山や海などの自然に還す葬送の方法)で行われた遺骨に対して本事件のように引渡請求がなされた場合、民法1008条の3で処理することの不合理さは明らかであろう(大判2008, 184)。

それゆえに、本条でいう「祭祀」とは、今日、多様化した宗教文化のなかで韓国伝来の宗法制による祭祀に限る必要がない。故人への魂の弔い方も様々である。現代は、朝鮮時代に儒教を国教と定めたときとは異なり、憲法でもって国民に宗教の自由を保障している(憲20条)。国家は、ある特定の葬儀方式や祭祀の方法を国民に強要することができなくなっている(大判2008, 185)。したがって、**D説**は、本条で祭祀用財産の相続のあり方を法律で一方的に当事者に強制することがもはやできなくなったと結論づける。

2 憲法の平等原則と家族伝統

以上のように「祭祀主宰者」についての各見解を検討してみて興味深いことは、2005年に戸主制の廃止が決定して以降、宗中団体の核心である祭祀相続の観念が韓国社会で大きくゆらいでいる事実を各大法官の見解から直接に読み取れることである。**A説**は、先祖祭祀に対する人々の意識が変化したとはいえ、なお伝来の儒教的な慣習へのこだわりがある。これに対して、**B説**や**D説**は、そうした現代社会の意識変化を正面から直視しようとする。とりわけ、**D説**は、葬儀や遺体の処置などで見られる人々の宗教意識に対する多様性を積極的に尊重しようとする。**C説**は、それぞれの中間的な立場にあるといえよう。

では、こうした大法院の諸見解を、われわれはどのような観

第 2 部　戸主制の廃止以降における儒教家族のゆくえ

点から位置づけることが可能なのであろうか。ここで各見解の是非を吟味することはあまり生産的ではない。むしろ、諸見解の対立で表れた「法的なゆらぎ」が、現代の韓国社会にどのように反映されているのかを分析することにより、そのゆらぎのもつ意義と問題性を本書の最後のまとめとして解き明かすことにする。

　以下では、分析の視角として 2008 年の戸主制廃止に大きな影響を与えた憲法裁判所の決定から今回の大法院の諸見解を捉えてみたい（憲決 2005 年 2 月 3 日、2001헌가9 외）。この決定は、戸主制に対して憲法不合致という事実上の違憲判断を下し、本書の主題である戸主制の廃止に直接に結びついた重要な裁判例である。本決定をここで取り上げる理由は、この決定が家族伝統と憲法的価値の相克問題について直接に判断し、かつ、それ以降、類似した問題に対する司法解釈の基準となるリーディングケースになったからである。

　では、そもそも韓国の憲法では、男女の平等など、家族にまつわるルールがどのように定められているのであろうか。まずは憲法の原則からみていくことにしよう。

　韓国の憲法は、建国時の制憲憲法（48 年憲法）からすでに平等原則の一般条項において性差別を禁止していた（同憲法 8 条 1 項）。さらに、婚姻についても「男女同権」を別途に規定していた（同憲法 20 条）。これは、韓国が現代国民国家として発展していくために、その重要な要素になる人々の婚姻や家族制度が男女平等の理念にもとづいて形づくられることを特に強調したものとされる。80 年憲法（第 8 次憲法改正）では、この平等理念がより強化され、婚姻関係だけでなく家族生活の全般にわたって男女平等の原則が維持されることを定めた。それに加

第4章　儒教家族の「伝統性」と現代社会

えて、夫婦や子どもを含めた家族一人一人が個人として尊重されることを要求する「個人の尊厳」をも規定したのである。すなわち、「婚姻および家族生活は、個人の尊厳と両性の平等を基礎として成立し、維持しなければならない」と定められた（同憲法34条1項）。現憲法（87年憲法）も、こうした規定の方式をそのまま受け継いでいる（憲36条1項）。

その一方で、現在の韓国憲法は、「伝統」や「伝統文化」の保護について特別な規定を設けている。憲法の前文で「悠久な歴史と伝統に輝く我が大韓国民」を強調し、9条では、「国家は、伝統文化の継承、発展および民族文化の暢達に努めなければならない」と定める。大統領の就任宣誓でも「民族文化の暢達に努め」ることを宣誓するように規定している（憲69条）。2005年に戸主制の廃止をめぐる論点のひとつに「戸主制」が、憲法で保護されるべき「伝統文化」であるのか否かが議論された（岡 2009, 297：牧野 2014, 74参照）。特に、この点は、今回、憲法裁判所の違憲判断の主要な争点でもあった。

この9条も、80年憲法のときに新設された規定である（同憲法8条）。これは、韓国を文化国家として発展させようとする国家の目標にもとづいて国家の文化振興策を推進させるために、その振興義務を国家に課したところにその立法目的があった。具体的な内容としては、文化財の保護、伝統文化の保存、国民への文化活動の保障および文化支援策の実施などが想定されていた（権寧星 2005, 148）。ところが、現在、9条は、当初の立法目的とは異なり、憲法で保護されるべき「伝統文化および民族文化」そのものを評価する法的基準に変わってしまったのである。その直接のきっかけとなったのが、同姓同本禁婚制を定めた民法（旧民809条1項）に対する憲法裁判所の違憲決

定(憲法不合致決定)であった(憲決 1997 年 7 月 16 日、95헌가 6외)。この決定の少数意見では、民法 809 条 1 項で規定する同姓同本禁婚制が憲法 9 条で保護すべき「伝統文化」であるとして、伝統文化の継承発展に努めるべき国家の責務が、婚姻や家族制度において保障される平等権などの基本権よりも優先させるべきであるとの論理を展開した(岡 1998, 60)。

これに対して、多数意見は、憲法 9 条で保護される「伝統文化とは、現代の諸般の社会・経済的な環境に適合し、また、今日においても普遍妥当な伝統倫理ないし道徳観念であるというべきである」と解釈する。ところが、「同姓同本禁婚制は、……今、これ以上、婚姻を法的に規制しなければならないほどの普遍妥当な倫理ないし道徳観念としての規範性を失った」として、この制度は憲法 9 条の「伝統文化」に当らないと判示したのである。

憲法 9 条の「伝統文化」をめぐる憲法論争が、戸主制の存廃についての議論にも波及したのである。保守派の人たちは、戸主制こそが国家によって継承・発展させるべき「伝統文化」であると主張する。一方、女性団体は、この制度の存在そのものが妻や娘らの女性の法的地位を父、夫や息子のそれよりも劣位に置き、女性に対する個人の尊厳と両性の平等を特に保障した憲法の規定(憲 36 条 1 項)に反すると批判する。この論争が端的に示しているように、戸主制をめぐって「伝統文化」という価値と個人の尊厳や両性の平等という憲法的価値が矛盾や対立をしている場合、憲法上、両者の価値をどのように位置づけることが可能なのかが問題となってくる(岡 2009, 298)。この点が戸主制に対する 2005 年の憲法訴訟で争われたのである。

以下では、2005 年の憲法裁判所の見解を紹介する前に、ま

第4章 儒教家族の「伝統性」と現代社会

ずはこの問題についての学説や各界の意見など、韓国の理論状況をスケッチしておくことにする。そうすることで、韓国社会に対するこの裁判所の見解の意義がより浮き彫りになるからである。

3 家族伝統に対する学説と憲法裁判所の立場

(1) 憲法外現象論とその評価

これまでの韓国の学説には、戸主制を含めて家族制度についての伝統観念を尊重する立場から憲法論を展開する有力な見解がある。この説は、家族制度や家族法がその制度に本来含まれている特殊性を根拠に、そのほかの法律に対する憲法上の位置づけとは異なった捉え方をする。つまり、家族制度や家族法は、ほかの法律分野よりも「伝統性」、「保守性」および「倫理性」がとりわけ際立った法律である。というのは、婚姻と家族生活は、人類の歴史と共に様々にその形態を変化させつつ、今日に至っており、少なくともその由来と存在形式から見るとき、婚姻や家族はひとつの伝統であり、慣習的なものであって、もともと憲法的な現象ではないからである。

したがって、婚姻や家族関係のような憲法外の現象を憲法規範のなかで解釈するためには、必ずこれらの法律関係に内在している伝統的な意味や存在形式を尊重しなければならないと説く（**憲法外現象論**）（許營 1983, 419）。この学説は、戸主制が憲法9条の「伝統文化」として、基本権の保障をはじめとしたそのほかの憲法価値よりも尊重されるべきであるとの理論的根拠を与えた。

実際、家族制度の憲法外現象論は、戸主制の合憲性を基礎づ

ける論理としてよく援用される。その一例が、2005年に戸主制の違憲性を争った憲法裁判で提出された法務部（日本の法務省に相当）の意見書である。この意見書は、憲法外現象論を引用しつつ、次のように述べる。「国民のすべての基本権は、国家の伝統文化の伝承・発展に努めるとの国家義務との相関関係の下に保障される。したがって、家族制度に関連する規定が基本権を侵害しているのか否かについては、憲法第9条の理想を果たすための国家の努力を排除するほどに基本権が制限されたのかどうかに対して十分に検討する必要がある」(법무부 2002, 111-112)。この論旨は、憲法で規定する基本権が伝統文化の継承・発展という価値を実現する範囲内で保障されることをほのめかしたのである。また、戸主制の存続を主張する儒林団体も同様の論理を展開する。「家族体系は、……憲法以前の伝統的な慣習である。憲法は変えることができても、家族の伝統と慣習は変えることができないものである」(성균관장 2004, 3)。

　これに対して、研究者の多くは次のように批判する。伝統的な家族制度が憲法に優先するというのは、法律論としてそもそも成り立たない。なぜなら、最高法規たる憲法に優位する法律や慣習が別途に存在すること自体が、現代立憲主義を旨とする国家の法体系においては容認されていないからである。さらに、伝統的な家族法を定立する国家（国会）の立法行為のみが憲法の規制を受けず、憲法の価値体系から分離するというのは、立憲民主主義の立場からも許容することができないのである（윤진수 2006, 176：동 2005b, 34-35）。

　他方で、今日、韓国内に存在する文化は多様なものがある（宗教だけ見ても、儒教、仏教、キリスト教およびイスラム教など）。かつ、韓民族で構成された「単一民族国家」のことばが神話化

するほどに韓国で定住する外国人も増加の傾向にあり、彼
(女)らが韓国社会の新たな構成員として認知され始めている。
韓国社会でも種々の文化や人種が共存している。にもかかわら
ず、韓国の伝統文化や民族文化だけを過度に強調することは、
かえってそれぞれの文化の自律性を阻害したり、異民族や異文
化を差別するなど、自らの文化以外のものを疎外するおそれが
ある(鄭宗燮 2006, 195 参照)。言い換えれば、戸主制を「伝統
文化」として憲法で保護することは、より本質的には宗教や文
化に対する憲法の価値中立性に反する可能性があるからである。

(2) 「家族伝統」に対する憲法裁判所の見解

憲法 9 条の「伝統文化」をめぐる、こうした理論状況を踏ま
えて、2005 年の憲法裁判所は、個人の尊厳や平等権などの憲
法価値と伝統文化の価値との相克問題について以下のように判
示した(憲決 2005 年 2 月 3 日、2001헌가9 외：以下、「憲決 2005b」
とする)。まず、事件の具体的な内容について見ておくことに
する。

【事件の概要】

原告 X 女は、夫 A と離婚して、現在は X 一人の単身戸籍
になっている。離婚後、X は、A との間に生まれた B の親
権者として、この子を養育している。にもかかわらず、B の
戸籍は、いまだに父 A を戸主とする A の戸籍に登録された
ままである。原告 X 女は、自らの X の戸籍に B を入籍させ
るために、2000 年 10 月ごろに X 女の本籍を管轄している戸
籍官署に B の入籍届を行った。しかし、この戸籍官署は、
「子は、父の姓及び本にしたがい、父の家に入籍する」との

民法781条1項の規定にもとづいて、Bの入籍届を受理しなかった。

X女は、これを不服として、戸籍官署の処分の取消を求めて法院に訴えると共に、民法781条1項が性差別を禁じた憲法に反するとして憲法裁判所に違憲法律審判を行ってくれるように、同法院にこの審判請求の付託を申請した。法院は、X女の申請を認めて、民法781条1項に対する違憲法律審判を憲法裁判所に付託したのである。

この事件で憲法裁判所は、民法781条1項の規定を含めた戸主制の制度そのものについて、あの画期的な違憲の判断を下した。この違憲決定が韓国において伝統的な家族制度を廃止させる直接の契機となったことは、すでに述べたとおりである。また、今回の裁判例は、個人の尊厳や平等権などの憲法価値と伝統文化の価値との相克問題についてとても重要な基準を示した。すなわち、韓国の憲法36条1項で婚姻や家族について個人の尊厳や両性の平等をあえて定めたのは、今まで韓国が家父長的であり、封建的な家族秩序が女性や子どもの基本権をあまりにも侵害してきたことに鑑みて、こうした家族秩序を容認しないことを明確にするためである。それゆえに、両性の平等と個人の尊厳は、憲法上、婚姻と家族についての最高の価値規範である（憲決 2005b, 17）。

これに対して、憲法で保護される「伝統」とは、過去のある一定の時点から歴史的に存在していた事実がすべて憲法の保護を受けるのでない。むしろ、古めかしい伝統概念は、現代の社会に相応する規範を定めたり、あるいは未来に向けて社会を発展させる上では阻害要因として作用するおそれがある。つまり、

第4章　儒教家族の「伝統性」と現代社会

「伝統が歴史的な伝承として今日の憲法理念に反するものは、憲法の前文で打破の対象となっている『社会の弊習』であって、憲法9条で保護すべき『伝統文化』ではない」（憲決 2005b, 18）。このような論理を展開した後、憲法裁判所は次のように結論づける。「家族制度に関する伝統や伝統文化とは、少なくともそれが家族制度に関する憲法理念たる個人の尊厳や両性の平等に反してはならないとの自明の限界が導き出される」（憲決 2005b, 18）。

したがって、国民の家族生活において伝統文化の価値と基本権の諸価値が互いに拮抗する場合、まずは家族一人一人に対する個人の尊厳と男女の平等を守ることが大前提となっている。この前提の下で家族制度にまつわる伝統や伝統文化をいかに保持し、発展させることができるのかという方向性が、2005年に国会で戸主制の廃止を決定した後の法的な指針となったのである。この点が、家族制度に関わる立法のあり方や法解釈についての新たな基点になり始めている。今まで取り上げた2005年7月の大法院判決および2008年11月の大法院判決は、いずれの論理もこの法的な指針にもとづいている。

女性にも宗中団体の宗員資格を認めた2005年7月の裁判例は、戸主制が男女平等の憲法理念に符合せずに廃止されたことを踏まえて、こうした憲法理念にもとづいて宗中団体に対する女性の資格を判断したことを大法院自らがほのめかしている。この団体の宗員に女性を含めて男女平等を実現させた上で宗法制度を継承・発展させることが今後の伝統家族の方向であると判示した。今まで儒教思想により維持されてきた伝統的な家族制度は、そもそも両性の平等を基礎にしたものではなかった。ところが、今回の裁判例では、宗中団体のあり方についても憲

第 2 部　戸主制の廃止以降における儒教家族のゆくえ

法的な価値を法的判断の基軸にすることを明らかにした。それを前提としつつ、女性個人の尊厳と男女の平等の関係から宗法制の伝統的価値との両立を図ろうとしたのである。

また、前述した「祭祀主宰者」に関する 2008 年 11 月の裁判例も、戸主中心の「家」制度から夫婦中心の新しい家族制度に再編されるなど、2005 年改正による家族法の変化に伴って、個人の尊厳や両性の平等に反する従来の慣習法やその慣習に依拠した今までの裁判例をすべて無効にして、既存の法的基準をリセットした。大法院の判決自体も各裁判官の結論が二分したり、その見解が区々にわたって細分化したのも、法的な空白状態のなかから新たな法秩序の創設へと新局面に向かうための法解釈の表れであると捉えることが可能である。

より本質的な問題は、個人の尊厳や男女平等といった憲法的な価値の実現と伝統文化の維持・発展という両方の要請を両立させるとはいいつつも、いずれの価値に重きを置くかによってその解釈に相違が出てこざるを得ないことである。多数意見の**A 説**は、宗法制の祭祀相続を堅持しようとする考え方がベースとなっており、伝統性に価値の重きを置いている（憲 9 条）。

これに対して、反対意見の **B 説**や **D 説**は、民主主義にもとづいて多数決で「祭祀主宰者」を決定したり、故人の遺志および宗教の自由を保障することで、儒教だけでなくキリスト教や仏教など、多様な宗教にもとづいた葬儀や祭祀の方式を認めようとする。これらの立場は、現代的な憲法価値に比重を置いている。C 説は、B 説の立場に依拠しつつも、祭祀主宰者の決定をめぐって利害が対立している紛争当事者にその判断を委ねるのではない。むしろ、客観的な立場からその調整の役割を担っている法院にその決定を判断させることを説く。

第4章　儒教家族の「伝統性」と現代社会

したがって、**C 説**は、A 説と B 説、D 説の間の中間的な立場に位置しているといえよう。大法院のこうした意見対立は、自らの拠り所とする伝統などを含めた憲法的価値の違いからもたらされたバリエーションの表れであろう。

4　家族伝統の「危うさ」

⑴　**大法官の意見対立からみた「家族伝統」**

2008 年大法院判決に見られる諸説の対立は、あくまでも伝統と現代的な憲法価値とが両立しうることが前提となった議論の争いであった。この裁判例では、両者の価値がそれぞれ尊重されるべきことを強調していた。しかしながら、今後、韓国社会がますますグローバル化され、家族形態が流動化すると、伝統と基本権との諸価値が常に両立しえる、あるいは両立すべきであるとの法的な前提は維持できなくなるおそれがある。2008 年大法院判決の問題性は、両者の価値対立が激しくなり、祭祀相続、宗中団体および姓と本をはじめとした家族伝統そのものが憲法の現代的価値にもとづいて失われ、その伝統性を存立させることができなくなる可能性を大法官の意見対立のなかに孕んでいることである。すなわち、**B 説**と **D 説**の論理は、すでに A 説の論理をその内側から切り崩していく可能性を内包している。A 説の論理が崩れるとは、一体、どういうことであろうか。

まず、現代の家族制度に対する社会の変化や人々の意識について、A 説と B 説、D 説とでは大きく異なる。**A 説**は、韓国社会が著しく変化したとはいえ、いまだに過去の先祖崇拝を通した父系家族で祭祀相続を行おうとする慣行がまったく無にな

ったとは断定できないとする。現代の人々の価値観が多様化し、地域によって伝統や文化の捉え方に違いがあるにしても、今なお長男の長子孫に祭祀主宰者の地位を引き継がせようとする慣行は根強く残っていると論じる。

これに対して、**B説**と**D説**は正反対の認識を示す。最近、韓国社会では、父系血統の系図である族譜には男子だけでなく、娘も共に載せることが一般的になっている。今まで男性の聖域だった先祖祭祀に娘や嫁などの女性が参加したり、妻や母が家族の葬儀で喪主になったりすることが当たり前になり始めている。すでに紹介したように、女性にも宗員資格を与える宗中団体が相当に増えている。その上、年齢、性別あるいは言葉遣いさえ世代によって厳格に区別してきた韓国社会は、近頃、兄弟姉妹の間でも年齢や性別にかかわりなく対等に扱おうとする傾向がある。

こうした事実認識のいずれが、民法1008条の3で想定している社会事実を正確に捉えているのかを吟味するのは容易ではない。A、B、Dいずれの説も韓国社会の一面を言い当てているように見える。しかし、どの立場も、やはり自らの事実認識を完全に根拠づけるほどの客観的な裏づけが乏しい。さらに広範な社会調査や人々の意識調査を進める必要があろう。それ以上により本質的な問題は、社会事実の一部を取り出して、それがあたかも韓国社会の全般に及んでいるかのように判断していることである。それでは裁判官の主観性や判断の恣意性を拭い去ることができないであろう。韓国でも法律の違憲性や妥当性を裁判で審理する場合、ある法律の存在を裏づける社会事実の存否がよく判断の対象とされる（**立法事実論**）。そのとき、社会に存在する事実のなかからいずれの事実を選択するのかは、単

第4章　儒教家族の「伝統性」と現代社会

に裁判官個人の価値判断に委ねられてしまうおそれがある。その判断には、司法解釈で重要な「客観性」を見出しにくい。ある研究者も、裁判において人々の意識や社会事実が変化したことを実証的に証明することの困難さを指摘する（윤진수 2007, 22）。

では、裁判官の主観や恣意性を排除して、社会事実を審査しうる客観的な基準や方法とは、一体、何であろうか。

そのひとつの手がかりは、国会（立法者）が法律を制定したり、改正するときにいかなる社会事実を想定して立法化したり、あるいはその事実の変化をどのように判断して法律を改正したのかに着目することである。なぜならば、法律の目的およびその正当性の根拠は、第一次的には立法者の意思やその判断にもとづいているからである。韓国のように法治主義を旨とする民主主義国家では、主権者たる国民の代表たる議会がいかなる社会事実にもとづいて国民の総意を形成したのか、というところに法律が法律として存在しうる最後の拠り所がある。今まで民法（家族法）は、韓国社会の家族形態の変化に伴って、それに対応するように何度か改正されてきた。

したがって、各大法官の見解に対する説得性は、そのときに国民の代表機関たる国会がその改正時にいかなる社会事実の変化に対応すべくその法律の改正に取り組んできたのか、という立法者の意思や判断を裁判官がどれくらい解明したのかによるであろう。彼（女）ら裁判官は、職務上、社会事実を探知することは一定の限界があっても、法秩序の変化を客観的に認識することは比較的に容易だからである（윤진수 2007, 22 参照）。以下では、こうした基準から各大法官の見解を分析してみよう。

197

第 2 部　戸主制の廃止以降における儒教家族のゆくえ

(2) 法秩序の現代化と「家族伝統」

まず A 説は、民法 1008 条の 3 で定める祭祀主宰者の地位継承の順位を長子孫に最優先させる根拠として「先祖祭祀を通した父系血統中心の家系承継は、今日、その性格が多く変わったとしても、いまだに守られている」という社会事実を挙げている（大判 2008, 170-171）。しかし、この説では、この事実を裏づける立法者の意思や判断についての言及が判決理由のなかでほとんど示されていない。これに対して、B 説や D 説は、自ら提示する社会事実を次のように憲法および民法の改正に表れた憲法改正権者や立法者の意思にもとづいて根拠づけようとする。

最初に 80 年の憲法改正に着目する。すでに見たように、この改正で家族全般にわたって個人の尊厳と両性の平等原則が維持されることを新たに定めた（同憲法 34 条 1 項）。これは、戸主制に代表される家父長的な家族関係をできる限り解消して、女性や子どもたちそれぞれを個人として尊重し、両性の平等にもとづいて夫婦や子どもを中心とした家族関係をつくり、維持させるための「憲法的な決断」を示したところにその改正の意義があるとする。こうした憲法改正権者の意思を具体化させるために、今日にかけて法令の様々な領域において家族構成員の間の平等を実現する方向で法制度が改善されているとする（大判 2008, 177）。

たとえば、民法では、すでに検討したように何度かの改正を経て兄弟姉妹の財産相続分が均等になっている（改民 1009 条 1 項）。親族の範囲についても、今まで父系血族が中心となってそれが構成されていたが、改正後は、母系血族も父系血族と同じ親等数の範囲で親族を形づくるようにした（旧民 777 条）。

第4章 儒教家族の「伝統性」と現代社会

2005年の民法改正では、家制度の廃止に伴って子どもの姓と本は、父のそれにしたがうような強制の方式から、夫婦間の協議により母のそれを受け継がせることができる選択の方式に変更された（改民781条1項但書）。

こうした民法改正の一連の動きは、B、D両説が先ほど提示した社会事実の変化を立法者が考慮してこの法律の改正を決断した結果であるとする。言い換えれば、家族にまつわる法秩序全体が、こうした社会事実の変化や憲法の理念を踏まえて、長男だけでなく、それ以外の兄弟姉妹の法的地位を尊重し、父母両系の血統を等しく取り扱おうとする方向に変更されつつある（大判2008, 177）。

したがって、祭祀主宰者を継承する際に、長子孫を優先させようとする従来の慣習は、もはや家族に関連する現代の法秩序に符合しなくなっていると結論づける。

(3) 死者の遺志と「家族伝統」

D説は、A説の問題性にさらに踏み込む。その核心は、祭祀用財産の相続人である「祭祀主宰者」を決定するに当って従来の慣習では、被相続人の意思がほとんど反映されることがなかった点である。長子を頂点とする父系血統の厳格な序列（祭祀承継の順位）にもとづいて祭祀主宰者の地位の承継が必然的に決まっていた。そこには、被相続人の遺志がかかわることはあまりなかった。いわゆる、父系血統長子優先主義である。そして、一旦、祭祀主宰者が決まれば、祭祀用財産をめぐる管理や処分は、その主宰者の意思や意向が反映されやすいしくみになっていた。

これに対して、**D説**は、少なくとも自らの遺体の事後処理

(葬儀の形式、埋葬の方法や埋葬場所の指定など)については、生前の故人の遺志を何よりも尊重することを説く。それは、故人の人格権から基礎づけようとする(憲10条)(大判 2008, 188)。というのは、人の身体は、死後における葬儀のあり方、墓の開設および臓器提供に至るまで、その処理の仕方について本人の価値観、思想、宗教および心情などの人格的な要素に深くかかわるものだからである。生前のみならず、亡くなった後でもその人格的な尊厳性や自らの遺体に対する自己決定権は憲法上で保護されるべきであるとする。問題は、人の権利能力——すなわち、権利・義務を享有することができる法的な資格——が人の死によって原則的に失われることから、死者に対して人格権を認めることができるのか否かである。

韓国の法律では、刑法308条の名誉棄損罪で死者の名誉を保護の対象としている。著作権法14条2項では、著作者の死亡後にもその著作者の人格権を保護している。「言論仲裁及び被害救済等に関する法律」(法律10587号、2011年4月14日改正)5条の2でも、死亡した者に対する人格権の侵害についての救済を定めている。とりわけ、遺体の処分について故人の遺志を何よりも尊重しようとするのは、臓器移植の問題である。「臓器等移植に関する法律」(法律11976号、2013年7月30日改正)22条3項1号には、本人が自らの臓器の摘出について終局的な意思を明らかにしている限り、その意思が第1次的な判断基準になることを示している(大判 2008, 188-189)。

こうした一連の法律は、人間の尊厳性が人の死によって完全に無に帰するのではなく、人が亡くなった後にもその生前の遺志や人格的な尊厳を法的に保護することを前提としている。**D説**の説得的なところは、死者の人格的利益や生前の遺志につい

第4章 儒教家族の「伝統性」と現代社会

て民法1008条の3の規定だけでなく、そのほかの法令を含めた韓国の法秩序全体の体系から整合的にその意味や内容を解釈しようとしている点である。**D説**や**B説**は、裁判上で認識の難しい人々の意識や社会事実の変化を直接に捉えるのではない。むしろ、立法過程に表れた法秩序の動態的な変化から立法者の意思で考慮された人々の意識や社会事実の推移を間接的に検証していこうとしている。というのは、裁判官は、職務上、社会事実を自ら直接に探知することは得意でなくても、法秩序の変化を客観的に解釈するところにこそ彼(女)らの本務が存在するからである (윤진수 2007, 22 参照)。

B説と**D説**は、以上の論理を展開しつつ、A説に対して次のように祭祀相続のあり方にメスを入れる。たしかに、**A説**は、祭祀用財産を相続する祭祀主宰者の決定について嫡子と庶子の区別をなくし、娘しか子どものいない家族の場合、長女にその地位の継承を優先的に認めたことは評価できる。けれども、伝統的な宗法制および父系血統中心の「家」観念にもとづいた長子優先の原則をいまだに維持しようとしている。

これに対して、最近、民法1008条の3の立法目的たる先祖祭祀や祭祀奉行の伝統は、今や長男(嫡男)を通してのみ先祖の御霊を弔うことができるとの考え方にもとづく必要がなくなったとする。なぜなら、現代では、娘であれ、そのほかの次男以下の子孫でも十分にその目的を果たすことが可能だからである。共同相続人の間で性別や年齢によって祭祀主宰者の地位の継承に差を設けることは、かえって現代社会の人々の意識や憲法を頂点とする法秩序全体の傾向に相応しなくなったのである。

もちろん、最近の韓国社会を見ても、祭祀相続における「祭祀主宰者」の地位が父系血統にもとづいた血族内の序列によっ

第 2 部　戸主制の廃止以降における儒教家族のゆくえ

て必然的に決定される従来の慣習や相続観念は、容易になくなりそうにはない。その伝統性を維持する力は今なお衰えていない。これからも宗法制の相続慣習は道義上や習俗として存在していくであろう。けれども、反対意見である **B 説**と **D 説**に映し出された国会（立法者）での民法改正の動向を見れば、法律の世界ではもはやその正当性を見出すことができないことをこれらの反対意見は示唆した。大法官の意見対立は、今後、韓国における儒教家族の「伝統性」の多くが法律の領域から失われていく可能性のあることを暗示しているように見える。実際、韓国社会で「家族伝統」がこれからどのように変化するのであろうか。あるいは、変わらないのだろうか。そのゆくえが気になるところである。今後の動向が注目される。

おわりに

韓国儒教の総本山たる「成均館」のなかにある伝統的な家屋(筆者撮影)。

戸主制の廃止以降における家族のあり方

　最後に、戸主制の廃止以降における家族制度のあり方について、韓国でどのような議論がなされたのかを紹介しつつ、この社会におかれた家族の「現住所」を明らかにすることで本書を締め括ることにする。

　韓国政府では、今まで主に三つの側面から戸主制の廃止後の「家族」のあり方について検討がなされた。ひとつは、家制度が廃止された後、民法上、「家族」をどのように再定義するべきなのか、という問題である。もうひとつは、戸籍制度が廃止され、新たな身分登録制度を設けることになったが、その際、この登録制度の名称をめぐって議論がなされたことである。三つ目は、国家が個々の家族を支援するに当って、その支援の対象となる「家族」の形態や中身について議論が行われたことである。

　これらの検討をめぐっては、保守派 Vs. リアリズムやフェミニズムの立場との激しい論争がある。保守派は、戸主制を廃止しつつも、この制度にもとづいていた伝統的な家族観を固く守っていこうとする。これに対して、フェミニズム側などは、グローバル化した経済や社会構造の変化に伴って、家族のかたちが多様化している現状に対応するような新しい家族観を模索しようとした。この論争の背景には、家族形態が多様に変容している一方で、離婚や非婚による一人暮らし世帯の増加、少子化、幼児虐待、高齢者虐待などの家庭内暴力（DV）といった家族にまつわる社会問題が頻発しており、これらの問題に国家がど

のように対処するべきかが問われている状況がある。この家族観の対立から、韓国の現代家族のすがたを明らかにする。

1 戸主制廃止後の「家族」とは？

まずは、戸主制の廃止以降における家族についての民法上の議論から見ていくことにする。この廃止前の民法では、「家族」について戸主の配偶者（妻）、血族（母、子孫など）および血族の配偶者（子孫の嫁）、および認知された婚外子、養子など、戸主の家に入籍すべき者であると定めた（旧民779条）。ここでいう家族とは、「家」の構成メンバーとほぼ同じ意味で使われており、家制度を前提としたものになっていた。戸主制の廃止後も法律によって何らかのかたちで家族を定義しておく必要があるのか否かが問題となった。

保守派の人たちは、新たな「家族」概念を法律で定めることを主張する。個人主義的な思考が蔓延し、家族解体の危機が高まっている韓国社会の現実（上記の家族問題の多発）では、家族に関する規定を定めない場合、家族をさらに崩壊させてしまうおそれがあるとの理由からである（박성득 2004, 10）。そのためにも、戸主制の廃止後も家族の概念を民法で明確にしておく必要があるとする。この立場は、家族のあり方を民法で定めることの道徳・倫理的な意義を強調する。

これに対して、フェミニストや民法研究者からは、家族の概念を法律で一律に規定することの弊害論が唱えられた。すなわち、戸主制が廃止された主な理由は、今まで国家や法律でそれぞれの家族があまりにも事細かく規制されたことにより、国民一人一人に画一的な家族観を法的に強要しすぎたところにある。

おわりに

家族の範囲や構成は、市民のそれぞれの事情に応じて自律的に定めるべきで、国家や法律はなるべくそれにかかわらない。家族のあり方を法律で限定することは、現代の家族形態が多様化しているなかでかえって法で保護されない家族の形態が生じるおそれがある（국회 여성위원회 2004c, 11）。家制度を廃止した後は、民法で家族の定義や範囲を定めたことによって、法律上、特別の法的な効果があるわけではない（이승우 2003, 45-46）。たとえば、社会福祉などの関連法令で保護すべき対象となる「家族」の定義が必要な場合は、それぞれの法令の立法目的や趣旨にしたがって個別・具体的にその内容を定めれば十分である。民法で家族概念を一律に規定することは、むしろその弊害の方が大きい。

しかしながら、戸主制の廃止に伴って家族が崩壊していくと危惧した保守派の人たちや国会議員は、少なくとも法律で家族を再定義して、少しでもその解体を食い止めることを主張し、結局、2005年の民法改正についての国会審議ではこの論理が大勢を占めた。改正された民法では、「家族」が次のように定義された。

779条（家族の範囲）
1　次の者は、家族とする。
　一　配偶者、直系血族および兄弟姉妹
　二　直系血族の配偶者、配偶者の直系血族および配偶者の兄弟姉妹
2　前項二号の場合は、生計を同じくするものに限る。

家族は、まず結婚した配偶者と本人を中核とし、子ども、父

母および兄弟姉妹をその基本単位とした。それ以外の嫁や婿、配偶者の父母およびその兄弟姉妹については、「生計」の同一性の有無にもとづいて家族に含まれるか否かが定まる。この規定の1項一号が家族の基本型であり、二号はそれぞれの家族の生活実態に即してその範囲を柔軟に定めていこうとした。ただし、この規定による家族の範囲は、相続などの家族関係の権利義務に影響を及ぼさない。すでに述べたように、「家族の崩壊」を防ぐための道徳や倫理的な歯止めの意味を有しているに過ぎない。

こうした家族のあり方をめぐる論争は、実体法たる民法だけでなかった。民法の手続法たる戸籍法の廃止と共に戸籍制度が撤廃されることにより、それに代えて新しい身分登録制度が設けられたが、その登録制度の名称についても、同様の論争が繰り広げられた。

2 新しい身分登録制度の名称問題

新しい身分登録制度は、家単位ではなく、個人単位でその登録を行う方向で制度設計がなされた。というのは、戸主制の廃止を前提として、国民一人一人を個人として尊重し、両性の平等原則を反映させる制度の構築が望まれ、かつ、多様な家族形態を保護し、個人の身分関係に関する情報のプライバシーまでも保護する必要があったからである（박기준 2006, 3）。したがって、当初、この制度を規定する法案の名称も「出生・婚姻・死亡などの届出及び証明に関する法律」あるいは「身分関係の登録及び証明に関する法律」と表され、「家族」ということばは敢えて避けられていた。

おわりに

 ところが、保守派からは、戸籍制度を廃して、個人別の登録方式を採用するのはそれぞれの家族の紐帯を著しく弱めてしまい、家族を解体させてしまうおそれがあるとの批判が強く主張された（박기준 2006, 26）。国会では、この保守派の意見が主流を占め、個人単位で身分登録を編製する方式を原則としつつも、適切な範囲で父母、兄弟姉妹などの家族事項、および出生、認知、婚姻、離婚、養子および死亡などの身分変動事項も身分登録簿で公示し、公的に証明することができる制度を設けた。この制度を定めた法律名が「家族関係の登録等に関する法律」である。制度の名称も「家族関係登録制度」となった。結局、国家が、国民個人の人的事項に止まらず、戸籍制度と同様に国民の家族のあり方までも法的に規律しようとする傾向は、戸主制の廃止後もそれほどに変化していないようである。

 2016年現在、新しい身分登録制度がスタートして8年が経過した。最近、国民が構成するそれぞれの家族に対する国家の登録管理は、国民の基本権を侵すおそれのある行き過ぎたものであるとの指摘がなされている。たしかに、この制度は、従来の紙媒体から電子化されたものに変わった。しかし、上記の出生から死亡までの事件ごとに届出や家族関係の変動を公示する方式は、戸籍制度のやり方をほぼそのまま受け継いでいる。したがって、当初は個人の登録化を目指したとはいえ、この制度で記録される身分事項は、家族関係の情報を含めて国民一人一人を細部にわたって精密に登録管理しようとする戸籍制度の考え方がいまだに根強く残っている。

 ある研究者は、この制度の名称である「家族関係」という場合の「家族」ということばに疑問を投げかける。改正された民法や家族関係登録制度で定式された「家族」とは、すでに見た

ように夫婦と子どもを基本単位とした「近代的小家族」あるいは「普通の家族」を想定して編製されている。こうした家族法体系の下では、非婚や離婚をして一人暮らしとなった単身世帯、ひとり親家族(父子家庭、母子家庭)、養子および性別を変更したトランスジェンダーの人々など、多様化した非典型的な家族(「普通でない家族」)や個人を疎外させ、人権を侵害するおそれがあると主張する(송효진 외 2013, 94)。実際、国民の多くは、家族関係登録制度で発給される各種の証明書や記録で公的に証明される「家族」ということばについて、いまだに戸籍上の「家」観念と同じ意味に認識しているとされる(송효진 외 2013, 94)。身分登録制度が新しく変更されても、その実態としてはいまだに父系血統中心の家父長的な家族観から抜け出せていないようだ。

3 「家族」をめぐる社会問題と「家族」への支援体制

最近、家族形態の多様化と共に、家族をめぐる社会問題も同時に噴出している。まずは家族をめぐる貧困問題である。一人暮らし世帯と経済的に困窮している家族が増えている。とりわけ、一人暮らしの高齢者の増加に伴って、その貧困が大きな社会問題となっている。また、夫や妻からの暴力、児童虐待、高齢者虐待などの家庭内暴力の問題がある。それがさらにエスカレートして子ども、妻、夫および親を殺害する事件が多発している。これに関連して、近年、問題視されているのが、年々増え続けている自殺者である。韓国統計庁の資料によると、2012年のこの国の年間自殺率は、OECD所属の33ヵ国のうち、最も高い数値を示した(人口10万人当たり29.1人)。次いで第2

おわりに

位が日本であった（20.9人）(통계청 2013a, 17)。

　こうした家族をめぐる問題が引き起こされる原因について様々に論じられている。そのうち、主には家族で心理的な関係が希薄であったり、崩れていったり、さらには夫婦（父母）の離婚、親の失業や子どもの未就学などの社会的な要因、貧困などの経済的な要因で家族関係に葛藤が生じているケースが報告されている。その報告には、家族内でこれらの問題を自制したり、解決する能力が弱まっていたり、その能力が欠如している場合が多いと示されている。従来、韓国では、家族の諸問題への対処は基本的にそれぞれの家族の「自律」に委ねられていた。その自律では解決できない場合にはじめて国家や地方自治体などがその施策に乗り出す消極的な立場を採っていた（**家族への不干渉原則**）(국회 여성위원회2003b, 6 参照)。

　ところが、今までどおりにそれぞれの家族の「自律」に委ねるだけでは家族問題の解決に至らないことが社会で自覚されつつある。現在、家族にとって必要なのは、家族内で相互に扶助しようとする機能が失われる前に、あるいはそれぞれの家族問題が極限に達する前に、家族以外の「他者」から家族に対して関与や援助を行うことができるしくみをつくることである（243回・国会保健福祉委員会会議録9号、26参照。以下、「9号会議録」とする）。

　そこで、韓国では、社会や国家などの第三者がそれぞれの家族をサポートしたり、支援するシステムの構築に乗り出した。それが「健康家庭基本法」（法律7166号、2004年2月9日、以下「基本法」という）の成立である。興味深いのは、戸主制の廃止が決定した2005年前後に、同時に家族の支援体制のあり方が国会で活発に論議されていたことである。このことは、家族形

態の多様化と共に、社会や経済環境に影響されやすい現代家族の脆弱さが、旧来の家族制度によっては保護されず、むしろ、戸主制がそれぞれの家族にとって法的な障害となっていたことを露呈していた。基本法は、現代の韓国社会で起こっている多様な家庭問題を予防・解決し、家族の福祉を増進させるための総合的な支援政策を設けるものであった（基本法1条）。

具体的には、子どもの養育、家族の健康、家族の扶養、離婚の予防、離婚家庭のサポートなどについて、国家や地方自治体が積極的に支援に乗り出す「健康家庭事業」を主な内容としている。その事業を実施するために、健康家庭支援センターを全国の各地域に設置し、その担当者として「健康家庭支援士」（原文「健康家庭士」）という専門家を常駐させて、実際にそれぞれの家庭の支援に当らせるものである（基本法35条）。

4 「健康家庭」の概念をめぐる論争

ところが、基本法の制定をめぐっては、国会内だけでなく、女性団体や市民団体など、韓国社会で大きな論争が巻き起こった。その主な争点は、基本法で想定している「健康家庭」や「家族」とは一体、何かという点である。現代の家族観についての争いであった。基本法では、これらのことばについて次のように規定している。

第3条（定義）この法律において使用する用語の定義は、次のとおりとする。
　一　「家族」とは、婚姻・血縁・養子縁組によって成り立った社会の基本単位をいう。

おわりに

　　二　「家庭」とは、家族構成員が生計または住居を共に
　　　する生活共同体で、構成員の日常的な扶養・養育・保
　　　護・教育などが営まれる生活単位をいう。
　　三　「健康家庭」とは、家族構成員の要求が満たされ、
　　　人間らしい暮らしが保障される家庭をいう。
　　四　「健康家庭事業」とは、健康家庭を阻害する問題
　　　（以下、「家庭問題」という。）の発生を予防し、解決す
　　　るための様々な措置および扶養・養育・保護・教育な
　　　どの家庭機能を強化するための事業である。

　3条一号の「家族」概念は、婚姻、血縁および養子縁組を基礎とした単位であると規定する。基本法は、戸主制が廃止される直前の2004年に成立したこともあり、この概念は改正前の民法上の「家」概念を前提として、夫婦とその子どもを中心とした近代的小家族を基本に定義づけられたものである（국회 여성위원회 2003b, 7）。また、三号で「健康家庭」ということばが提示されたのは、以下の理由からである。韓国社会では、最近、すでに述べたように家族にまつわる社会問題が頻発しており、この問題の解決を各家庭に委ねることができないとの認識のもと、問題を引き起こしている家庭の病理的な要因に対して国家からの支援を行い、家庭の健康性を回復させるところにその意義がある（9号会議録, 26）。

　さらに、家族は、社会の発展と維持を支える労働力を再生産する基本単位である。家庭の健康性を取り戻すことは、社会の労働力の生産機能を活性化させることにつながる。こうした「健康家庭」のイデオロギー（理念）は、共同体の意識を高め、社会の連帯を強めることにもなる（9号会議録, 27）。というの

は、韓国は、父系中心、子女関係中心の強力な家族を基礎単位とする家族主義の強い国だからである。家族倫理を向上させることで家族の力量を高めることが可能だとする（9号会議録, 32）。こうした論理が国会内で多数の支持を得て、基本法の成立に至った。

ところが、韓国のフェミニストを中心とする市民団体などは、次のように強く批判する。すなわち、今日の家族形態の変化を見ると、すでに見たように、核家族だけでなく、ひとり親家族、再婚家族、事実婚家族、一人暮らし世帯など、そのかたちは実に様々である。にもかかわらず、基本法の「家族」の定義は、こうした家族形態の多様化にまったく対応していない。それを端的に示すのが国民に「家族の解体」を防止する義務を課していることである（基本法9条1項）。法律上、望ましい健康的な家族形態を想定し、これとは異なった家族のかたちをすべて健全でない家庭と規定しているようで、異質な家族形態を排除してしまう可能性がある。法律で「健康家庭」ということばを規定することは、国民それぞれの家族のうち、健康的な家庭とそうでない家庭を二分し、国より支援を受けている家庭に対して、いかにも「不健全」であるという道徳的なラベルを貼られるおそれがあり、差別的な内容になっている（9号会議録, 31）。

実際、基本法は、支援の対象となっている要保護家庭と一般家庭（**健康家庭**）を区別して、前者の要保護家庭にのみ支援サービスを提供するシステムになっている。むしろ、両者を分けることなく、あらゆる家庭がその支援の対象となるような規定のしくみにするように女性団体などは訴える。

以上のように、基本法は、いまだに旧来の家制度に根ざした近代の家族モデル（**核家族**）に法的な価値を置いている。政府

おわりに

や国会は、この法律を通して伝統的な家庭への回帰をねらいとしていると市民団体から批判されるほどであった。

5　「家族」を取り巻く韓国社会

　では、「家族」ということばをめぐって、どうして保守派と市民団体とが対立しているのだろうか。そこには、家族形態が多様に変化している一方で、少子化、家族の貧困、家庭内暴力の増加など、社会で家族問題が生じる現状について二つの立場がまったく相反する事実認識を示しているからである。

　保守派の立場では、個人主義による家族のあり方にもとづいて、家族の共同体を支えている家庭道徳が弛緩しているところに家族問題の起こる要因があるとする（9号会議録, 27）。つまり、伝統的な家族観や家庭倫理が衰え始めた点に家族問題に関する病理的な原因を求める。今までの家制度の機能が緩みだし、社会で疲弊している家族をもう一度、この基本法で再生することにより、現在の家族にまつわる社会問題を解決しようとしている。

　それゆえ、この法律による家族支援の重点は、健全な家族儀礼の教化、結婚準備教育、家庭生活教育、離婚前の相談など、道徳や教育を通して家族の危機を克服しようとするところにある（基本法29条、32条2項など）。

　これに対して、市民団体の立場は、家庭倫理の弛緩論を強く批判し、家族を取り巻く社会経済的な諸条件の著しい変化にむしろその原因があると指摘する。今日の家族問題が深刻化しているのは、韓国社会が直面している社会経済的な環境の悪化がそれぞれの家族に影響を及ぼし、とりわけ家族が経済的な困難

に陥り、子どもを養育したり、家族を扶養するなどの家庭の機能が低下しているところにその要因があるとする。より重大なことは、そのことで家族の間に心理的な葛藤が生じていることである（9号会議録, 30）。問題は、国家が本来担うべきはずの各家族への福祉負担やその支援を今まで怠ってきたことである。現在、それぞれの家族の経済状況が悪化しており、それを補うために、妻や母たちも社会で働かざるを得ないといった共稼ぎ夫婦が増えている。

その一方で、家庭内ではいまだに育児、子どもの教育および家事労働のほとんどが女性に担われている。にもかかわらず、国家は、児童養育や家事労働をサポートする社会的な諸条件や環境をあまり整備してこなかったのである（9号会議録, 38）。保守派は、こうした個々の家族が直面している課題に著しい誤認があることに気づくべきであると市民団体は批判する。今、基本法で家族が必要としている支援とは、家庭倫理の教化や教育よりも、まずは経済的な援助、心理的なケア（心理カウンセリング体制の充実など）および幸せに子育てができる社会的条件（女性の就労支援、保育施設の拡充など）の整備を図ることであるとされる。

2008年の戸主制（家制度）の廃止は、確かに韓国が女性の法的地位の向上を図り、男女平等な社会の実現に大いなる一歩を踏み出したことにその意義を見出すことができよう。けれども、その廃止は、韓国の女性たちにはそれほど手放しで喜べるものではなかった。というのも、戸主制の廃止以降、現代家族は、その多くが国際経済のグローバル化の波の影響を過敏なまでに受けてしまう最も不安定な社会的存在だという事実を人々が自覚し始めたからである。韓国は、元々、「輸出」に依存した経

おわりに

済構造を有した国家であることから、いずれの国よりも国際社会の景気変動が直ちに自国の経済状況に反映されやすい環境に置かれている。その影響は、国家や企業といった経済主体だけではない。それ以上に経済状況の影響に翻弄される生活共同体が個々の「家族」なのである。今日、家族のかたちが様々に変容しているのは、単に社会の現代化に伴って人々のライフスタイルが豊かになった反映であるとは必ずしもいえない。事態はむしろその逆であって、社会経済的な環境が悪化することにより、今までの家族のかたちを維持することができずにやむなく別の家族形態に変えざるを得ない状況に追い込まれるケースが増えている。その一面が、すでに取り上げた婚姻件数の低下や離婚率の増加による一人暮らし世帯の急増およびひとり親家族の増加といった家族の現象である。

その典型的な例が、1997年のアジア通貨危機に伴う韓国経済の失速（IMF危機）で、多くの父や夫が職を失い、彼らからの収入が途絶えるなど、家計の破たんから離婚を選択せざるを得なかった夫婦が増えたことである。離婚にまで踏み切らなくとも、家計収入の主翼がなくなることで、母や妻たちは自ずと社会に出てその経済的な不足部分を補わなければならない立場に立たされた。このとき、韓国において高度な経済発展で形成された豊富な中産層が崩壊する危機に直面したといわれている。中産層の多くの家庭が低所得者層に移行し、さらに貧困層へと転落することで、富裕層と低所得者層（貧困層）との二極化が大きな社会問題となっていた。今も国民の間に著しい経済格差が存在すると共に貧困の深刻化は、日本を含めた他の先進国と同じく韓国政府の緊要な政策課題となっている。

韓国の女性の多くは、このように1997年のIMF危機以来、

国家の経済状況が悪化する度に自ら願わなくとも社会的にも経済的にも「自立」を強いられた。だからといって、直ちに家庭内で彼女たちが担っていた育児、子どもへの教育、食事の準備や洗濯などの家事、さらに高齢者への介護の負担が減少するわけではない。そのまま放置される場合が多かった。

その結果、母や妻は、家族を支えるために、社会では労働を行い、家内では育児、介護を含めた家事を行うなど、多重の負担を担わされた（**新性別役割分業**）。女性のなし崩し的な社会進出では、今までの仕事上のキャリアが断絶しているか、ほとんどキャリアのない場合も多いことから、高収入は望むことができず、就ける仕事は限られてくる。ある程度の収入を確保するためには、他の仕事とかけもたざるを得ない。仕事を終えて帰宅すると、さらに家事労働が彼女らを待ち受けている。ワーキングプアーの悪循環な生活が彼女らを苦しめる。

韓国の経済発展も、日本と同じく夫が外で働き、妻は家で家事を担う性別役割分業に支えられてきた側面がある。にもかかわらず、そうした経済発展の余力を、育児、子どもの教育、介護および女性の社会進出へのサポートといった社会福祉制度の拡充にあてられることは少なかった。国家が本来担うべき福祉の費用や負担の多くは、「自己責任」という名の下にそれぞれ家族で賄われてきた。問題は、市民団体側が指摘したように、韓国が各家庭を支援する社会福祉制度を充実させる過程を経ないまま、高度の経済発展と共に90年代後半以降、国際的なグローバル経済のなかに突入してしまったことである（金賢美 2014, 10）グローバル化の波の影響で国民一人一人への制度的なセーフティネットがほぼ空洞化した状況では、彼（女）らが新自由主義の「市場原理」と対峙するにはあまりにも非力であ

おわりに

った。

　ここに韓国の女性の多くは、意識的であれ無意識的であれ、ある意味「本能的」にあることを自覚していったのである。それは、社会環境や経済条件が流動化しやすいグローバルな社会にあっては、単に「社会経済的に男性に依存する」ことでは自らの生活や人生が成り立たないのだという自覚である。男性との関係をめぐって彼女たちが生きていく選択肢は、ある程度、決まってくる。すなわち、一人で人生を生きていくという決断である（**非婚・独身**）。仮に、将来に結婚をするにしても、まずは一人で自立していける条件（定職の確保、経済的な安定性など）が整った後の問題である（**晩婚化**）。結婚を選択する場合でも、それは、男性への依存ではなく、対等な「共存」である。子どもの育児や教育の負担および経済的なコストを考慮して、子どもを産まないとの選択であったり、たとえ産むにしても少なく産むとの選択などである（**少子化の現象**）。

　現在、家族をめぐって彼女たちの生き方の幅は、狭められている。韓国社会は、以前にも増して女性の生き方に対する選択の幅を狭隘（きょうあい）にしている生活環境を改善する必要性が高まっている。国家に対しては、家制度のように各家族を一方的に規制することよりも、上記で検討したように社会経済的に不安定で脆弱な家族を積極的に支援するしくみの構築が急がれている。国家の家族政策は、今まさに家族に対する「規制」から家族への「支援」へとその転換を迫られているのである。

あとがき

あ と が き

　「法学」の視点から韓国の地域研究に取り組んですでに25年の歳月が経過した。現地に足を運ぶ度に、社会にはエネルギッシュな活気と陽気に溢れた「明」の部分によく出会う。人々の前向きな明るさ、いわゆる「韓国らしさ」に感動さえするときがある。それと同時に、他方で、社会に存在する数多くの制度と人々の暮らしに矛盾が頻繁に生じているにもかかわらず、なかなか解決されることなく、問題が反復される現実を目の当たりにする。市民たちが社会運動などを激しく展開しても問題は改善されず、むしろ混迷することが多い。その結果、国家や制度に対する人々の不満や苛立ちが、けんか、もめごと、そして落胆という形で様々な場面に現れる。その様子は、あたかも韓流ドラマに出てくる女性たち（母、妻、恋人）が父、夫、男から裏切られて、号泣する悲哀に満ちた姿に象徴される。「恨み」（한・ハン）ともいわれる「暗」の側面である。韓国で機能している法制度や法理論の背後には、こうした人々の生活感が多分に染みついている。

　今まで韓国という「他者」に出会うにつれて筆者は、日常生活で繰り広げられ、「明」と「暗」が入り乱れ、矛盾に満ちた人間模様をどのように学問的に概念化して、この事象をうまく説明することが可能なのかに腐心してきた。そのひとつの試みが、今回、人々の日常を直接に規律している家族制度を本書のテーマに選んだことである。特に、本書は、すでに公表している「韓国における儒教的家族制度の現代的変容ー『戸主制』の

あとがき

存廃をめぐる法文化論」角田猛之＝石田慎一郎編著『グローバル世界の法文化』（福村出版、2009年、所収）をベースにしているが、その多くの部分は書き下ろしである。

韓国社会の特徴を捉えるキーワードに「家族」や「血縁」がある。この国では、「血縁原理」が単に家族や親族のレベルだけに止まらない。社会や国家のあり方にまでもその原理によって規定づけられているところにその特質がある。本書は、こうした社会を「血縁社会」と位置づけて、家族法にまつわる法の世界から血族のメカニズムや韓国の社会構造を析出しようと試みたものである。その社会構造の中核を占めていたものこそが、本書のモチーフである「近代戸主制」であった。この家族システムは、日本の植民地時代に韓国に移植され、戦後も持続しておおよそ100年近くも長期にわたって機能しつづけた。2008年に廃止されるまで社会で生活している家族たちを実際に規律してきた制度である。

とりわけ、韓国の建国後、「家」制度という異国の制度的な枠組みの上に自国の儒教的な家族伝統を盛り込むことにより、戸主制がまるで朝鮮伝来の家族制度であるかのような外観を呈していた。民法には「家」制度が明記されながらも、韓国の人々の多くはそれに気づいていない。戸主を中心として構成された法律上の家族団体たる「家」とは、いわば父系血統で結びついた宗族に準じた血族だと認識されている。日本式の家制度が、皮肉にも朝鮮の宗法制を現代にまで維持させ、かつ、韓国社会の隅々にまで浸透させて、儒教的な伝統を強化する役割を果たしていた。現代において感じ取られる韓国の儒教的なイメージは、こうした戸主制の制度的なからくりによってその多くが形づくられていた。

あとがき

　しかしその一方で、国家の側で「儒教的な家族モデル」を法律でもって国民すべてに強制させることにより、戸主制は家族形態の多様性や例外を認めず、社会に極端な差別や歪みをもたらした。妻や娘などの女性に対する性差別から始まり、近親婚の禁止だけでなく、父系血族内の同族婚までが禁止されることで、男女共に婚姻相手を選べる自由が際限なく制約された（同姓同本禁婚制）。韓国のいずれの家族も戸主の跡取りを確保するために「長男」を必要としたため、次女、三女と女の子しか産まれない家庭などでは女子胎児を人工妊娠中絶するケースが増えた。その結果、出生性比の不均衡が問題となった。

　いずれの事例も父系血統に対する法の過度な縛りによるものであった。2008年に戸主制が廃止された第一の意義は、法による父系血統原理の強制性が大幅に緩和されたことである。韓国社会の変化は、1987年の「民主化」が大きな契機だとよく論じられる。しかし、戸主制が個々の家族だけでなく、社会やさらに国家のあり方までをも強く規定していたとすると、この制度の廃止は「民主化」に比肩する、否、それ以上に韓国社会に大きな変革をもたらす事件であったといっても過言ではない。戸主制の廃止は、この国にとってそれぐらいに重大な出来事だったのである。今後、儒教的な家族観が、戸主制の廃止を契機にさらに衰退していくのか、あるいは法規範と分離されたことで、むしろ独自に再解釈されて再生していくのか、についてはとても興味のあるところである。これからの動向を注視したい。

＊　　　＊　　　＊

本書の研究に着手してから早や9年という時の流れが過ぎて

あとがき

しまった。2007年6月ごろ、在外研修でアメリカにいたときにメールで本の執筆依頼を受けたのである。日ごろは、同じ研究仲間や研究関係者から執筆を頼まれるのが通例である。ところが、突然、出版社の方から「単行本を書いて頂けないか」との便りを頂いた。とても嬉しかった。というのは、今まで世に出した研究が専門家だけでなく、出版社の方々にも目を留めて頂き、しかも自らの研究が一般の人々にも関心がもたれそうな可能性を見出して頂いたからである。その上、研究に関する書物は、出版助成費や自費など、何らかの外部資金が伴わないと刊行できないという昨今の出版事情にもかかわらず、商業ベースにて本を出すチャンスを頂いた。しかし、それは、同時に市民の人々に自らの研究を分かりやすく、説明することの「難しさ」との格闘への予兆でもあった。今回の作業で、研究論文を書くよりも、一般書を書くことの困難さを思い知らされた。実際、この本を仕上げるまでに、その前提作業として何本かの研究論文を書かざるをえなかった。先覚の研究成果と共に、自らの研究の具体的な裏づけがない限り、研究内容を咀嚼して一般の人々に伝えることがそもそもできないのだということを実証した工程であった。これが、本書を世に出すまで時間を要してしまった言い訳である。この難題について十分に答えることができたのかは、いまだに自信がない。読者の方々にその評価を委ねるほかにない。

     ＊ ＊ ＊

　本書が出来上がるまでに様々な方々にお世話になった。ここで御礼を述べることにしたい。北海道大学の大学院時代から指

あとがき

導教官に準ずるかたちでご指導頂いた鈴木賢先生（現・明治大学教授）は、本書の原稿を読んで頂き、懇切丁寧にアドバイスを頂いた。その上、先生が主催されている「体制転換と法研究会」（北海道大学法学部）で研究報告の機会を頂き、その場でも適切なご助言を頂いた。長年の学恩と共に、この度のご配慮に心よりお礼を申し上げたい。また、韓国法の先駆けとして今もご活躍であり、かつ、大学院時代からご指導を受けていた青木清先生（南山大学教授）にも、本書の原稿をお読み頂き、韓国家族法の視点から本書の位置づけや方向性に至るまで貴重なご示唆を頂いた。お会いする度に暖かく迎えて頂き、お話のなかから韓国法に対する学問的刺激を受けさせて頂いている。先生には感謝に堪えない。もちろん、本書の記述に関する責任は、著者である本人にあることはいうまでもない。

　北海道大学大学院での指導教官であり、法学の学問に導いて下さった今井弘道先生（北海道大学名誉教授）には、韓国法の分野を「アジア法」という領域にまでその可能性を見出して頂き、その方法論を伝授して頂いた。まずは研究者として自立できるようになったのは先生のお陰である。韓国法をはじめアジア法のパイオニア的な存在である鈴木敬夫先生（札幌学院大学名誉教授）には、韓国・ソウル大学大学院に留学していた頃から励まして頂き、今でもマイナーな分野である韓国法ではあるが、その意義を切々と語って下さったのを思い出す。奥田安弘先生（中央大学教授）には、院生時代から法解釈学の手解きをして頂き、韓国国籍法の執筆を通して法学研究の基礎を築かせて頂いた。適切なご指導に感謝したい。孝忠延夫先生（関西大学名誉教授）は、アジア法学会でいつも関心を持って下さり、とりわけ、私の研究に興味を示して頂き、様々な場に研究報告

あとがき

の機会を設けて下さった。そろそろ本を出してみてはとのアドバイスを頂いたのも先生である。

　韓国の先生方にも、大変、お世話になった。大学院修士課程で指導教官として、かつ、韓国の法学界で様々な方々への橋渡しをして頂き、韓国法の礎を築かせて頂いたのは崔鍾庫先生（ソウル大学名誉教授）である。心よりお礼を申し上げたい。現地調査でソウルに行くたびにお目にかかり、親身になってご配慮を下さった朴吉俊先生（延世大学名誉教授）は、現地のフィールドワークで様々な方々をご紹介して頂き、今回の研究でも大変、お世話になった。いつも感謝に堪えない。大学院時代から弟のように可愛がって下さり、異国の生活で励まして頂いた石煕泰先生（京畿大学名誉教授）は、いつも私の研究に関心を持って頂き、幾度となく現地での研究発表の場を設けて下さった。また、長く親交を持たせて頂いているのは、洪復基先生（元延世大学副総長・同大学教授）である。私の韓国法研究に常に激励をして頂いている。韓国では、その他にも多くの先輩や親友に支えられてきた。とりわけ、院生時代から後輩として目にかけて頂き、今もその親交を温めている李鍾吉先輩（東亜大学教授）にはありがたい気持ちで一杯である。朴濬佑先生（西江大学教授）には、韓国の著作権状況について適切なアドバイスを頂いた。

　北海道大学院時代の「体制転換と法研究会」では、中国法を中心としたアジア法研究の基礎を築かせて頂いた。自らも何度か研究報告の機会を頂き、自身の研究を鍛えて下さった。とりわけ、この研究会のメンバーである伊藤知義先生（中央大学教授）、篠田優先生（北星学園大学教授）、阿曽正浩先生（北見工業大学准教授）には、いつも適切なコメントを頂き、比較法研究

あとがき

のあり方を考えさせて頂いた。分野は異なるが、北大大学院の先輩である清水敏行先生（札幌学院大学教授）には、本書が出来上がるのを期待して頂き、いつも温かく励まして下さる。「韓・朝鮮半島と法研究会」では、韓国法および北朝鮮法の研究仲間が集い、学問的刺激を分かち合いながら、かつ、若手の研究者も増えつつあり、今後の展開が期待されている。今回の研究についても報告の機会を頂き、多くの方々から貴重なコメントを頂戴した。研究会のみなさんに感謝したい。特に、研究代表であり、韓国法研究の大先輩である尹龍澤先生（創価大学教授）には、院生時代から親交を持たせて頂いており、韓国法研究のあるべき方向について議論をさせて頂き、多くを学ばせて頂いた。國分典子先生（名古屋大学教授）は、互いの研究について議論しつつ切磋琢磨しながら、研究を高め合ってきた古くからの韓国法研究の同志である。

　本書を世に出すチャンスを与えて下さったのは、三省堂六法・法律書編集室の黒田也靖さんである。遅々として作業の進まない筆者に圧力をかけることもなく、長く見守って下さったことにまずは感謝したい。何度も原稿に目を通して頂き、日本の読者からの視点からご指摘を頂いた。間違いなく「出版」というゴールへと導いて下さった。ありがたい限りである。

　最後に、妻の廷恩には、まったく先の見えない留学時代や院生時代から長く支えてくれ、こうした研究生活をさせてくれているのは彼女の存在があったからである。今回の作業でも、原稿に丁寧に目を通してくれて、一般読者の視点から貴重なアドバイスをもらった。一言では足りないけれど、「ほんとう、ありがとう」。すでに他界した父・優典、今も現役で活躍する母・和子には、物心両面にわたって長く支援してくれた。今日

あとがき

あるのは何よりも二人の存在があったからである。また、忘れてならないのは、韓国にいる義父・肯宰と義母・福姫である。いつもわたしたち家族の幸せをだけを願いつつ、変わりなく与えて下さった愛（사랑）に心よりお礼をしたい。

　この本は、亡き父、そして今も元気で暮らしている母、韓国の義父および義母に捧げたい。

　　2016年9月の秋　ソウル・延世大学研究者宿舎にて

岡　克　彦

引用・参考文献一覧

■ 立法資料

朝鮮総督府、1912『慣習調査報告書』
内部警務局編纂、1910『民籍事務概要』
警務総監部編纂、1914『民籍要覧』
朝鮮総督府司法部法務課編纂、1917『民籍例規集』
朝鮮高等法院、1921『旧慣及制度調査委員会決議』
朝鮮総督府法務局編纂、1929『朝鮮戸籍法令集』
朝鮮総督府中枢院、1933『民事慣習回答彙集』
朝鮮総督府法務局編纂、1943『昭和18年新訂・朝鮮戸籍及寄留例規』
『公文類聚第34編・巻21』(1910、国立公文書館所蔵)
「民籍法執行心得改正」(朝鮮総督府訓令47号)朝鮮総督府官報904号(1915年8月7日付)
「民籍事務取扱ニ関スル件」(官通牒240号)朝鮮総督府官報904号(1915年8月7日付)
「民法 법률 제471호」官報1983號(1958)
「호적법 법률 제535호」官報2480號(1960)
「民法中改定法律 법률 제1238호」官報3333號(1962)
「民法中改定法律 법률 제3051호」관보7840號(1977)
「婚姻에관한特例法 법률 제3052호」관보7840號(1977)
「民法中改定法律 법률 제4199호」관보11426號(1990)
「民法 一部改正法律 법률 제7427호」관보15957호(2005)
「가족관계의 등록 등에 관한 법률 법률 제8435호」관보16507호(2007)
「가족관계의 등록 등에 관한 규칙 대법원규칙 제2119호」관보16638호(2007)

引用・参考文献一覧

대한민국 정부、1998「民法中改正法律案」
대한민국 정부、2004「民法中改正法律案」
국회 법제사법위원장、2005「民法 一部改正法律案（代案）」
「第26回 國會定期會速記錄」42號（1957、國會事務處）
「第26回 國會定期會速記錄」62號（附錄）（1957、國會事務處）
民議院法制司法委員会『民法案審議資料集』（発行年度不明）
「第33回 國會定期會議速記錄 第24號」（1959、國會事務處）
「第98回 國會法制司法委員會會議錄」27號（1977、國會事務處）
「第98回 國會會議錄」23號（1977、國會事務處）
「第98回 國會會議錄」23號（附錄1）（1977、國會事務處）
「第145回 國會法制司法委員會會議錄 第5號」（1989、國會事務處）
「第147回 國會本會議會議錄 第18號」（1989、國會事務處）
「第185回 國會本會議會議錄 第16號 附錄」（1997、國會事務處）
「第198回 國會女性特別委員會會議錄 第2號」（1998、國會事務處）
「第202回 國會法制司法委員會會議錄 第1號」（1999、國會事務處）
「第244回 國會法制司法委員會會議錄 第1號」（2003、國會事務處）
「第252回 國會本會議會議錄 第8號」（2005、國會事務處）
국회 여성위원회 2003a、「民法中改正法律案에 대한 審査經過 및 意見書」
국회 여성위원회 2003b、「건강가정육성기본법안에 대한 심사경과 및 의견서」
국회 여성위원회 수석전문위원、2004「民法中改正法律案（3건）에 대한 의견제시의 건 검토보고서」
국회 법제사법위원회 전문위원 박성득、2004「民法中改正法律案（정부제출）검토보고」

引用・参考文献一覧

국회 법제사법위원회 전문위원 박기준 2006, 「국적 및 가족관계의 등록에 관한 법률안 검토보고서」

국회법제사법위원회、2005「민법 (친족・상속편) 개정관련신분공시제도에 관한 공청회」

국회 여성위원회 2004a、「民法中改正法律案(정부제출)에 대한 심사경과 및 의견서」

국회 여성위원회 2004b、「民法中改正法律案(이경숙의원 대표발의)에 대한 심사경과 및 의견서」

국회 여성위원회 2004c、「民法中改正法律案 (노회찬의원 대표발의)에 대한 심사경과 및 의견서」

국회 법제사법위원장 2005、「민법중개정법률안 심사보고서」

국회 법제사법위원회 전문위원 박기준、2006「국적 및 가족관계의 등록에 관한 법률안 검토보고서」

국회 여성위원회 2002、「호주제 폐지 전략과 호주제 폐지에 대비한 대안 연구」

여성부 2003、「주요업무계획」(제 238 회 국회 여성위원회)

여성부 2004、「호주제 폐지 추진-민법개정안 설명자료」(여성부)

여성부 2005、『호주제 폐지 백서』(여성부 차별개선기획담당관실)

법무부 2002、『헌법재판사건 의견서 사례집』12 집

법무부 2003、『가족법 개정특별분과위원회 회의록 (제 1 차회의~제 9 차회의)』

법원행정처 2007a、『가족관계의 등록 등에 관한 법률 해설』(법원행정처)

법원행정처 2007b、『가족관계의 등록 등에 관한 규칙 해설』(법원행정처)

법원행정처 2008、「보도자료 : 성과 본의 변경、친양자 제도 등 시행 현황」

대법원 공보관 2005、「여성의 종원 자격에 관한 대법원 전원합의

체 판결 관련 보도자료」
헌법재판소 2008、『헌법재판소 실무제요〔개정 증보판〕』

■ **法令集・判例集**
朝鮮総督府法務局編纂 1915、『朝鮮戸籍法令集』(司法協会)
中原茂編 1930、『朝鮮戸籍必携集』
閔文基編 1954、『戸籍法令集』(廣文社)
我妻栄編 1968、『旧法令集』(有斐閣)
外務省条約局法規課編 1960、『制令・前編』
韓國法制研究會編 1971、『美軍政法令總覽 (國文版)』(韓國法制研究會)
『朝鮮高等法院民事判決録』
『대법원판례집』(법원도서관)
『헌법재판소판례집』(헌법재판소)
『하급심판결집』(법원도서관)

■ **統 計**
法院行政処編『司法年鑑』(法院行政処)
통계청 인구조사과 2003、「보도자료 : 2000 인구 주택총조사 성씨 및 본관 집계결과」
통계청 2013a、「보도자료 : 2012년 사망원인통계」
통계청 인구동향과 2013b、「보도자료 : 2012년 혼인・이혼통계」
통계청 2016、「보도자료 : 2015 인구주택총조사」
韓国統計庁サイト (http://kostat.go.kr)
大韓民国法院サイト (http://www.scourt.go.kr/portal/main.jsp)

引用・参考文献一覧

■ 単行本・論文

【日本語文献】

青木清 2016、『韓国家族法－伝統と近代の相克』（信山社）

浅野豊美ほか編 2004、『植民地帝国日本の法的展開』（信山社）

浅野豊美ほか編 2004、『植民地帝国日本の法的構造』（信山社）

浅野豊美 2008、『帝国日本の植民地法制－法域統合と帝国秩序』（名古屋大学出版会）

伊藤亜人 1996、『暮らしがわかるアジア読本・韓国』（河出書房新社）

上野千鶴子 1994、『近代家族の成立と終焉』（岩波書店）

内田貴 2004、『民法Ⅳ・補訂版』（東京大学出版会）

遠藤正敬 2010、『近代日本の植民地統治における国籍と戸籍－満州・朝鮮・台湾』（明石書店）

遠藤正敬 2013、『戸籍と国籍の近現代史－民族・血統・日本人』（明石書店）

大村敦志ほか 2010、『日韓比較民法序説』（有斐閣）

奥田安弘ほか 1999、『在日のための韓国国籍法入門』（明石書店）

奥田安弘ほか 2014、『韓国国籍法の逐条解説』（明石書店）

加地伸行 1990、『儒教とは何か』（中公新書）

清宮四郎 1944、『外地法序説』（有斐閣）

木宮正史 2003、『韓国－民主化と経済発展のダイナミズム』（ちくま新書）

近藤英吉 1937、『相続法』（日本評論社）

滋賀秀三 1967、『中国家族法の原理』（創文社）

利谷信義ほか編 2005、『戸籍と身分登録』（早稲田大学出版部）

中川善之助 1940、『親族法』（日本評論社）

中川善之助 1937、『戸籍法及び寄留法』（日本評論社）

二宮周平 2005、『家族法・第2版』（新世社）

二宮周平 2006、『新版・戸籍と人権』（解放出版社）

引用・参考文献一覧

服部民夫 1992、『韓国―ネットワークと政治文化』(東京大学出版会)

古田博司 1995、『朝鮮民族を読み解く』(ちくま新書)

水野直樹 2008、『創氏改名―日本の朝鮮支配の中で』(岩波新書)

山田鐐一ほか 1986、『韓国家族法入門』(有斐閣)

金斗憲(李英美ほか訳)2008、『韓国家族制度の研究』(法政大学出版局)

高翔龍 2012、『韓国社会と法』(信山社)

申榮鎬ほか 2009、『韓国家族関係登録法』(日本加除出版)

李昇一ほか(庵逧由香監訳)2012、『日本の朝鮮植民地支配と植民地的近代』(明石書店)

崔弘基 1996、『韓国戸籍制度史の研究』(第一書房)

尹健次 2000、『現代韓国の思想』(岩波書店)

R・ジャネリほか(樋口淳ほか訳)1993、『先祖祭祀と韓国社会』(第一書房)

青木清 1981、「韓国法における伝統的家族制度について―宗法制度との関連を中心に」法政論集 87 号(名古屋大学)

青木清 1990、1991a、1991b、「韓国家族法の改正とわが国渉外事件への影響(上・中・下)」戸籍時報 393 号、395 号、397 号(日本加除出版)

青木清 1992、「韓国家族法と日本の家族法―戸主制度の系譜をめぐって」ジュリスト 1007 号(有斐閣)

青木清 2007、「韓国の新しい身分登録法」南山法学 31 巻 1・2 合併号(南山大学)

有泉亨 1948、「朝鮮婚姻法の近代化」社会科学研究 2 号(東京大学)

岡克彦 1998、「韓国における『同姓同本禁婚制』違憲決定をめぐって」法律時報 70 巻 2 号(日本評論社)

引用・参考文献一覧

岡克彦 1999、「韓国における儒教資本主義の『虚』と『実』」今井弘道ほか編『変容するアジアの法と哲学』(有斐閣)

岡克彦 2006、「大韓民国の建国過程における国民確定の問題」安田信之ほか編『アジア法研究の新たな地平』(成文堂)

岡克彦 2009、「韓国における儒教的家族制度の現代的変容－『戸主制』の存廃をめぐる法文化論」角田猛之ほか編著『グローバル世界の法文化－法学・人類学からのアプローチ』(福村出版)

岡克彦 2012、「韓国における性同一性障害と性別変更の法的可能性」マイノリティ研究 6 号 (関西大学)

岡克彦 2014、「性同一性障害による韓国の性別秩序の法的変容に関する一考察」ジェンダーと法 11 号 (ジェンダー法学会)

岡崎まゆみ 2014、「植民地期朝鮮における祭祀承継の法的意義」帯広畜産大学学術研究報告 35 号

坂元真一 1997、「敗戦前日本国における朝鮮戸籍の研究」青丘学術論集 10 輯 (韓国文化研究振興財団)

田中佑季 2013、「韓国における養子法と家族観－入養特例法を中心に」法学政治学論究 99 号 (慶應義塾大学)

田中佑季 2014、「韓国における親養子制度の意義と養子法の改正」法学政治学論究 101 号 (慶應義塾大学)

利谷信義 1971、「明治民法における『家』と相続」社会科学研究 23 巻 1 号 (東京大学)

利谷信義 1991、「家族法の実験」上野千鶴子ほか編『変貌する家族 1：家族の社会史』(岩波書店)

二宮周平 1993、「これからの家族法と戸籍制度」法律時報 65 巻 12 号 (日本評論社)

野村調太郎 1926、「祖先の祭祀と現行の法律」朝鮮司法協会雑誌 5 巻 4 号

春木育美 2007、「政治的機会構造と韓国の市民運動」ソシオロジ 51 巻 3 号 (社会学研究会)

引用・参考文献一覧

平井敏晴 2012、「韓国の文化―ビビンバ・コスモロジーの世界像」小倉紀蔵編『現代韓国を学ぶ』(有斐閣)

福島正夫ほか 1971,「明治以後の戸籍制度の発達」中川善之助ほか編『家族問題と家族法Ⅶ』(酒井書店)

牧野力也 2014、「韓国憲法における『伝統』の解釈」筑波法政 59号 (筑波大学)

山地久美子 2003、「新社会運動としての戸主制廃止運動」韓国朝鮮の文化と社会 2号 (韓国・朝鮮文化研究会)

吉川美華 2004、「韓国における親族相続法の制定過程についての一考察」韓国朝鮮の文化と社会 3号 (韓国・朝鮮文化研究会)

吉川美華 2009、「朝鮮における民籍法制定と改正―慣習をめぐるポリティクス」東洋文化研究 11号 (学習院大学)

吉川貴恵 2015、「韓国における戸主制度廃止と家族法改正」立命館法政論集 13号 (立命館大学)

高翔龍 2005、「韓国家族法の大改革」ジュリスト 1294号 (有斐閣)

高翔龍 2009、「韓国法における『家』制度」大東ロージャーナル 5号 (大東文化大学)

郭東憲 1983、「韓国家族法改正論の思想史的意義 (下)」戸籍時報 307号 (日本加除出版)

金相瑢 2003、「韓国養子法に関する一考察」戸籍時報 561号 (日本加除出版)

金相瑢 2004a、「韓国における戸主制度廃止に関する論議 (上)」戸籍時報 570号 (日本加除出版)

金相瑢 2004b、「韓国における戸主制度廃止に関する論議 (下)」戸籍時報 573号 (日本加除出版)

金香男 2010、「韓国の人口政策と家族」伊藤公雄ほか『現代韓国の家族政策』(行路社)

金賢美 (羅一等訳) 2014、「『社会的再生産』の危機と韓国家族の多層化」平田由紀江ほか編『韓国家族』(亜紀書房)

鄭鍾休 1984a、1984b、「韓国民法典の制定過程についての一考察（1～2完）」民商法雑誌 90 巻 4 号、5 号（有斐閣）

梁彰洙 2006、「韓国法における『外国』の問題」ジュリスト 1310 号（有斐閣）

李勝雨（権澈訳）2008、「韓国における最近の民法改正：家族法」ジュリスト 1362 号（有斐閣）

李英美 2004、「韓国近代戸籍関連法規の制定及び改正過程ー『民籍法』を中心に」東洋文化研究 6 号（学習院大学）

崔龍基 1973、「韓国民法典と同族共同体」法律時報 45 巻 1 号（日本評論社）

【韓国語文献】

한국성씨족보편찬위원회 편 2010、『한국성씨족보』

韓國氏族總聯合會 1999、「韓國氏族總聯合會의 修正案 提案理由書」韓國氏族總聯合會報 3 호

正統家族制度守護 汎國民聯合 2003、「正家聯 家族法 改定綱要（案）」（공개토론회 자료）

성균관장 2004、「민법중개정법률안（의안번호 제 15 호）에 대한 의견서」

權寧星 2005、『改訂版・憲法學原論』（法文社）

김동춘 1997、『분단과 한국사회』（역사비평사）

金斗憲 1969、『韓國家族制度研究』（서울대학교 출판부）

金相九 1997、『儒林運動五十年史』（도서출판 홍경）

金相瑢 2002、『家族法研究 I 』（법문사）

김성숙 외 2003、『호주제도 폐지에 따른 법제도의 정비방안』（여성부）

김양희 외 2000、『21 세기 여성정책에 대한 국민의식조사연구』（한국여성개발원）

金疇洙 1993、『註釋 親族・相續法 第 2 全訂版』（法文社）

引用・参考文献一覧

金疇洙 2002、『親族・相續法 第6全訂版』(法文社)
金疇洙 외 2008、『親族・相續法 第9版』(法文社)
朴秉濠 1996、『家族法論集』(도서출판 진원)
송효진 외 2013、『가족관계의 등록 등에 관한 법률시행 5년―평가 및 개선방안』(한국여성정책연구원)
신용하 외 1996、『21세기 한국의 가족과 공동체문화』(지식산업사)
양현아 2011、『한국가족법 읽기』(창비)
兪鎭午 1953、『憲法解義』(一潮閣)
윤택림 2001、『한국의 모성』(미래인력연구원)
李光信 1973、『우리 나라 民法上의 姓氏制度 研究』(법문사)
李光奎 1990、『韓國의 家族과 宗族』(민음사)
이득재 2001、『가족주의는 야만이다』(소나무)
이승일 2008、『조선총독부 법제 정책』(역사비평사)
이화분 2009、『가족법 개정운동 60년사』(한국가정법률상담소출판부)
李和淑 2005、『2005년 개정가족법 해설 및 평가』(세창출판사)
장영아 1996、『호적제도의 개선방안에 관한 연구』(한국여성개발원)
장혜경 외 2004、『2004・MBC가족백서』(문화방송)
장혜경 외 2012、『가족의 미래와 여성 가족정책전망 II』(한국여성정책연구원)
장혜경 외 2014、『제3차 가족실태조사 추진을 위한 기초연구』(여성가족부)
장혜경 외 2015、『2015년 가족실태조사 분석 연구』(여성가족부)
鄭光鉉 1955、『韓國親族相續法講義』(葦聲文化社)
鄭光鉉 1958、『新親族相續法要論』(葦聲文化社)
鄭光鉉 1967、『韓國家族法研究』(서울대학교 출판부)
鄭肯植 2002、『韓國近代法史攷』(博英社)

정동호 2014、『한국가족법의 개변맥락』(세창출판사)
鄭宗燮 2002、『憲法訴訟法』(博英社)
鄭宗燮 2006、『憲法學原論』(博英社)
정기원 외 1993、『우리나라 입양의 실태 분석』(한국보건사회연구원)
조희금 외 2010、『2010년 제2차 가족실태조사』(여성가족부)
최대권 외 2001、『호주제 개선방안에 관한 조사연구』(여성부)
崔弘基 1997、『韓國戶籍制度史 研究』(서울대학교 출판부)
한국가정법률상담소 외 1999、『호주제에 대한 국민의식조사』(한국가정법률상담소)
한국민사법학회 편 1982、『民事法改正意見書』(박영사)
한국여성단체연합 편 2007、『호주제 폐지 운동백서』(한국여성단체연합)

강복수 외 2001、「가임여성의 자녀성 선호도 및 인식도와 남아선별 출산강요 경험」한국모자보건학회지 5권 1호
구상진 2000、「宗事法」韓國氏族總聯合會報 4號 (한국씨족총연합회)
김경천 2003、「입양가정의 모성보호 확보를 위한 법개정에 관한 연구」정책자료집 XI
金相瑢 1999、「변화하는 사회와 가족법」법학연구 40권 1호 (부산대학교)
金相瑢 2005、「改正民法 (친족 상속법) 解說」법조 588호 (법조협회)
金相勳 2008、「祭祀用財産의 承繼에 관한 研究」(高麗大學校 博士學位論文)
김영규 2007、「우리 민법상의 부성주의」법학연구 25집 (한국법학회)
김영미 2007、「해방 이후 주민등록제도의 변천과 그 성격」韓國

史硏究 136호 (한국사연구회)

김원태 1997、「제사상속법의 변천」부산법학 3권 1호 (부산법학연구회)

김일현 외 1990、「남아선호의 결정요인 및 영향력 분석」보건사회논집 10권 1호 (한국보건사회연구원)

김종국 2009、「성과 본의 변경에 따른 소속 종중의 변경여부에 관한 소고」가족법연구 23권 3호 (한국가족법학회)

金疇洙 1962、「現代家族의 意識」法政 17권 9호 (法政社)

김주수 2009、「가족법 반세기의 회고와 과제」가족법연구 23권 1호 (한국가족법학회)

김 진 1973、「孤兒入養特例法」법학 4권 1・2호 (서울대학교)

金載亨 2005、「단체로서의 종중」민사재판의 제문제 14권 (민사실무연구회)

金濟完 2006、「團體 法理의 再照明-종중재산의 법적 성격」民事法學 31호 (한국민사학회)

김판기 2010、「분묘 등의 승계에 관한 민법 제1008조의 3의 해석론」법학연구 21권 3호 (충북대학교)

閔裕淑 2004、「민법 제1008조의 3에 의한 금양림야의 의미와 그 승계」대법원판례해설 49호 (법원도서관)

박복순 외 2010、「호주제 폐지 이후 관련 법령 정비 방안에 관한 연구」젠더법학 2권 2호 (한국젠더법학회)

박윤선 2003、「2003년 호주제에 대한 국민의식 조사」『호주제폐지, 더 나은 가족제도가 기다리고 있다』(한국가정법률상담소)

박충선 1999、「한국사회의 가족주의 가치관과 성비율에 관한 연구」사회과학연구 6집 2호 (대구대학교)

변종필 2008、「태아 성감별고지 금지의 위헌성 검토」비교법연구 9권 1호 (동국대학교)

송경근 2009、「제사주재자의 결정방법과 망인 자신의 유체유골에

관한 처분행위의 효력 및 사자의 인격권」대법원판례해설 77호 (법원도서관)

申榮鎬 1991、「祭祀用財産의 相續」박병호교수 환갑기념『가족법학론총』(박영사)

申榮鎬 2003、「"호주와 가족" 규정의 정비를 위한 검토」가족법연구 17권 1호 (한국가족법학회)

심희기 1993、「종중재산분쟁의 원인과 해결방안의 모색 (상)」法史學硏究 14號 (韓國法史學會)

심희기 1994、「종중재산분쟁의 원인과 해결방안의 모색 (하)」法史學硏究 15號 (韓國法史學會)

양현아 1999、「한국의 호주제도」여성과 사회 10호 (창작과비평사)

양현아 2000a、「호주제도의 젠더 정치」한국여성학 16권 1호 (한국여성학회)

양현아 2000b、「식민지 시기 한국 가족법의 관습문제 I」사회와 역사 58집 (한국사회사학회)

양현아 2002a、「전통과 여성의 만남-호주제도 위헌소송에 관한 문화연구」法史學硏究 25號 (韓國法史學會)

양현아 2002b、「호주제도 위헌소송에 관한 법사회학적 고찰」한국사회학 36집 5호 (한국사회학회)

양현아 2009a、「한국 친족상속법의 변화에 관한 사회학적 해석 1958년-2007년」가족법연구 23권 1호 (한국가족법학회)

양현아 2009b、「의료법상 태아의 성감별 행위 등 금지조항의 위헌여부 판단을 위한 사회과학적 의견」법학 50권 4호 (서울대학교)

양현아 2010、「호주제도 헌법불합치 결정에 나타난 성차별 판단의 논증」경제와 사회 88호 (비판사회학회)

윤진수 1991、「허위의 친생자 출생신고에 의한 입양에 관한 몇 가지 문제」박병호교수 환갑기념『가족법학론총』(박영사)

윤진수 2005a、「여성차별철폐협약과 한국가족법」법학 46권 3호 (서울대학교)

윤진수 2005b、「헌법재판에서의 傳統에 대한 심사」헌법실무연구 6권 (헌법실무연구회)

윤진수 2006、「전통적 가족제도와 헌법」법학 47권 2호 (서울대학교)

윤진수 2007、「變化하는 사회와 宗中에 관한 慣習」사법 창간호 (사법연구지원재단)

윤택림 1996、「생활문화 속의 일상성의 의미」한국여성학 12권 2호 (한국여성학회)

윤택림 2005、「입양의 문화정치학」정신문화연구 28권 1호 (한국학중앙연구원)

윤혜미 1995、「국내입양과 해외입양-과거와 현재 그리고 개선방안」동국논집 14집 (동국대학교)

李庚熙 1992、「허위 친생자출생신고와 입양의 효력」사법행정 384호 (사법행정학회)

李庚熙 2002、「친생 친자관계법의 문제점과 개선방향」가족법연구 16권 1호 (한국가족법학회)

李庚熙 2003、「호주제도를 폐지할 경우 호적제도의 정비방안」가족법연구 17권 1호 (한국가족법학회)

李德勝 1994、「宗中의 變化에 관한 一考察—安東地方의 宗中을 중심으로」法史學研究 15號 (韓國法史學會)

李相旭 1988、「日帝下 戶主相續慣習法의 定立」法史學研究 9號 (韓國法史學會)

李相旭 1990、「日帝時代의 財産相續慣習法」法史學研究 11號 (韓國法史學會)

李相旭 1991、「日帝下 傳統家族法의 歪曲」박병호교수 환갑기념『한국법사학론총』(박영사)

이선우 2007、「외교인적자원관리차원에서 조망한 해외입양아정책

과 국제행정」현대사회와 행정 17권 3호 (한국국정관리학회)
이승우 2003, 「호주제도를 폐지할 경우 민법 규정의 정비를 위한 검토」가족법연구 17권 1호 (한국가족법학회)
이승일 2000, 「일제시기 朝鮮人의 日本國民化 연구」韓國學論集 34輯 (한양대학교)
이정선 2009, 「한국 근대 '戶籍制度'의 변천」한국사론 55집 (서울대학교)
이정선 2011, 「식민지 조선・대만에서의 家制度의 정착 과정」한국문화 55집 (서울대학교)
이진기 2010, 「제사주재자의 결정과 제사용재산」高麗法學 56호 (고려대학교)
이제수 2007, 「호주제도의 사적 전개와 가족관의 변화」민사법이론과 실무 11권 1호 (민사법의 이론과 실무학회)
李凞培 2001, 「墳墓・祭祀・祭祀用財産의 承繼」이희배교수 정년기념『가족법학논집』(동림사)
曺大鉉 1995, 「戶主制度의 廢止와 戶籍의 編製」법조 44권 10호 (법조협회)
曺美卿 1998, 「血緣眞實主義」가족법연구 12호 (한국가족법학회)
田鳳德 1982, 「戶主制度의 歷史와 展望」大韓辯護士協會誌 81호
전효숙 2010, 「제사주재자의 결정방법」法學論集 14권 3호 (이화여자대학교)
鄭肯植 1993, 「宗中財産의 法的 問題」법제연구 4호 (한국법제연구원)
鄭肯植 2000, 「祭祀用 財産의 歸屬主體」민사판례연구 XXII (민사판례연구회)
鄭肯植 2007, 「종중의 성격에 대한 비판적 검토」민사판례연구 XXIX (민사판례연구회)
鄭肯植 2010, 「朝鮮時代의 家系繼承法制」법학 51권 2호 (서울대

241

학교)

鄭肯植 2015、「祭祀와 財産相續의 法的 問題」법사학연구 51 호 (한국법사학회)

鄭印燮 1988、「法的 基準에서 본 韓國人의 範圍」임원택 교수정년기념 『사회과학의 제문제』 (법문사)

정인섭 1999、「대한민국의 수립과 구법령의 승계-제헌헌법 제 100 조 관련 판례의 분석」국제판례연구 1 집 (서울국제법연구원)

정진영 2002、「조선후기 호적 戶의 편제와 성격」大東文化硏究 40 輯 (성균관대학교)

鄭宗燮 2003、「한국 헌법재판의 성공과 발전 과제」JURIST 389 호

許營 1983、「憲法과 家族法」법률연구 3 집 (연세대학교)

홍양희 2005、「植民地時期 戶籍制度와 家族制度의 變容」史學硏究 79 號 (韓國史學會)

홍양희 2006、「植民地時期 相續 慣習法과 '慣習'의 創出」法史學硏究 34 號 (韓國法史學會)

坂元眞一 2000、「明治民法의 성씨제도와 創氏改名 (朝鮮)・改姓名 (臺灣)의 비교분석」법사학연구 22 호 (한국법사학회)

■ 新 聞
「朝鮮日報」
「東亞日報」
「中央日報」
「文化日報」
「国民日報」
「法律新聞」(韓国)

〈付　録〉　近現代韓国家族法制の年表

年　月	韓国の家族法制の動き	朝鮮半島の主な出来事
1896 年 9 月	戸口調査規則	
1908 年 5 月	慣習調査の実施	
1909 年 3 月	民籍法	
1910 年 8 月		韓国併合
1912 年 3 月	朝鮮民事令	
1922 年 12 月	朝鮮戸籍令－民籍法の廃止	
1939 年 11 月	朝鮮民事令改正－創氏改名、婿養子制度などの導入	
1945 年 8 月		日本の植民地からの解放（光復）
1945 年 9 月		米軍政の開始
1945 年 10 月	治安維持法など、一部法令の廃止（軍政法令 11 号）	
1945 年 11 月	家族法令を含め植民地法制の存続（軍政法令 21 号）	
1946 年 10 月	朝鮮姓名復旧令－創氏改名の廃止（軍政法令 122 号）	
1948 年 7 月	大韓民国憲法。同附則 100 条で建国後も家族法令などの植民地法制の持続	
1948 年 8 月		大韓民国の成立
1948 年 9 月	民法などの基本法典編纂作業	朝鮮民主主義人民共和国の成立
1950 年 6 月	基本法典編纂作業の遅延	朝鮮戦争の勃発
1958 年 2 月	民法	
1960 年 1 月	戸籍法－朝鮮民事令・戸籍令の廃止	
1961 年 5 月		朴正熙による軍事クーデター
1961 年 9 月	孤児養子縁組特例法	
1962 年 12 月	民法（親族相続編）の第 1 次改正	
1976 年 12 月	養子縁組特例法	
1977 年 12 月	民法（親族相続編）の第 2 次改正、婚姻に関する特例法	
1987 年 6 月		6・29 民主化宣言（民主化の幕開け）
1990 年 1 月	民法（親族相続編）の第 3 次改正	
1993 年 2 月		文民政権の発足（民主体制の定着）
1995 年 1 月	養子縁組の促進及び手続に関する法律	
1997 年 7 月	同姓同本禁婚制に対する憲法裁判所の違憲決定	
2005 年 2 月	戸主制に対する憲法裁判所の違憲決定	
2005 年 3 月	民法（親族相続編）の第 4 次改正成立－戸主制の全面廃止の決定	
2008 年 1 月	家族関係登録法－戸主制・戸籍制度の廃止	

事項索引

あ 行

IMF 危機 …………………… 216
圧縮近代 …………………… 96
アメラジアン ……………… 99
アメリカ軍政 ……………… 80
家 … 15, 23, 26, 43, 49, 63, 71, 83, 86
　　——制度 … ix, 23, 27, 28, 43, 60, 84, 206
違憲審査制 … 37, 116, 117, 120
遺言養子 …………………… 103
異姓不養 ……… 57, 70, 82, 103
異姓養子 …………………… 75
遺伝子鑑定 ………………… 136
位土 ………………………… 153
依用法令 …………………… 81
医療法 ……………………… 131
隠居 ………………………… 49
ウリ ………………………… ii, v
　　——共同体 ……………… ii
　　——中心主義 …………… viii
嬰児売買 …………………… 105
女戸主 ……………………… 47

か 行

海外養子 …… 98, 99, 101, 105
外国人労働者 ……………… 107
外孫奉祀 ……………… 77, 135
開発独裁体制 ……………… 96
学縁 ………………………… v
核家族 ………… 4, 6, 83, 213
隠れ養子縁組 ……………… 104
家系継承 ……… 161, 167, 174
家事非訟事件 ……………… 148
家籍 …………………… 24, 44
家族 ………………………… 205
　　——介護 ………………… 5
　　——関係登録制 ……… 31, 177, 208
　　——関係登録簿 … 33, 34, 125, 137, 143
　　——の再編 ………… 9, 64
　　——の民主化 ……… x, 29, 115, 136
　　核—— ……… 4, 6, 83, 213
　　血縁—— ………………… 39
　　国家主義的な—— …… 39
　　非—— …………………… 6
　　民主的—— …………… 39
家族法 ………………… 32, 38
家庭内暴力 ………… 204, 209
家督相続 ……… 41, 42, 55, 76
家父長制 …………… 14, 115

慣習 ……67, 68, 79, 160, 172, 176
慣習法 ……………………51, 158
官製慣習法 …………………… 68
擬似宗族団体 ………27, 65, 71
強制相続制 …………………… 55
居住主義……………………59, 62
寄留制度 ……………………… 21
近代家族 ……………25, 65, 88
近代国民国家 ………………… 60
近代的小家族…………………209
均分相続 ………42, 76, 169
禁養林野 ……………………165
グローバル経済……………217
経済のグローバル化 ……… 29
血縁 ………………………… iii
　　──意識……………………145
　　──家族 …………………… 39
　　──社会 … iv, vi, viii, 98, 102
　　──主義……… iv, 19, 153
　　──主体……………………145
結婚移民……………………114
欠損家族 ……………………… 87
血統真実主義 ………127, 137
権威主義国家体制 ………… 79
権威主義体制 ………………… 96
健康家庭 ……………………211
健康家庭基本法……………210
現地主義 …………………… 76
憲法外現象論……………………189

憲法裁判所 ……37, 116, 117, 132, 140, 191
権利能力なき社団…………157
戸 ………………15, 21, 25
合計特殊出生率 …………… 11
「孝」の観念 ……………… 2, 9
高齢社会………………………4, 5
国際結婚……………………107
国籍……………………………108
国籍法…………………………109
戸口調査………………20, 58
国民……………………………24, 61
　　──登録制度 ……22, 24, 41, 60
戸主 …………47, 51, 85, 86
　　──承継 ………………… 10
　　──承継制 …53, 54, 133
　　──相続 …18, 41, 71, 155
　　──相続制…………………167
　　──相続人…………………167
　　──中心主義 ………… 46
　　──の任意承継制 …… 54
　　女── ………………… 47
戸主制 … ix, 13, 33, 38, 40, 43, 50, 81, 86, 97, 136, 138, 154, 188, 204, 215
　　──の廃止運動………115
個人の尊厳……………………187
戸籍 ………………20, 26, 58
　　──意識 ………………… 87
　　──制度 … 59, 85, 88, 96,

245

戸籍法 …………………… 46
国家主義的な家族 ………… 39
婚外子 …………… 49, 146, 174
婚内子 ……………… 45, 174

さ 行

財産相続 ……………… 42, 75
財産的共同体 …………… 164
祭祀 ……………………… 185
　　——共同体 …………… 162
　　——主宰者 …… 168, 169, 173, 181, 194, 198, 201
　　——相続 … 41, 71, 74, 82, 165, 167, 185
　　——奉行 ……………… 171
　　——用財産 ……… 82, 170
　　先祖—— … iv, 9, 17, 152, 155, 172, 196
三年一成籍制 ……………… 58
三放棄世代 ………………… 12
死後養子 ………………… 103
事実主義 …………………… 65
自然発生団体説 ……… 73, 156
私的自治の原則 ………… 179
司法積極主義 ……………… 37
市民社会 …………… viii, ix
社会介護 …………………… 5
社団法人 ………………… 164
衆子 ……………………… 173
衆孫 ……………………… 173

集団利己主義 …………… vi
住民登録制度 ………… 21, 22
収養子 …………………… 77
儒教的な家族観 ………… 31
出生性比 ………… 128, 133
儒道会 …………………… 91
儒林団体 ……… 52, 91, 127
侍養子 …………………… 77
少子化 ………… 6, 9, 11, 134
　　——の現象 …………… 218
条理 ……………………… 178
植民地法制 …………… 78, 81
庶子 ……………………… 173
女性団体 ……………… 52, 93
庶孫 ……………………… 173
人工妊娠中絶 …………… 129
新自由主義 ……………… 217
親生子 …………………… 48
新性別役割分業 ………… 217
親睦共同体 ……………… 164
親養子制度 …… 120, 121, 123, 147
姓 ……… iii, 69, 102, 110, 141
成均館 …………………… 91
性差 ……………………… 137
性同一性障がい ………… 137
姓不変の原則 ……… 69, 103
性不変の原則 …………… 138
性別役割分業 …………… 217
　　新—— ………………… 217
世襲制 …………………… 19

事項索引

戦争孤児 …………………… 99
先祖祭祀 … iv, 9, 17, 152, 155, 172, 196
宗 ………………… 15, 18, 25
宗員 ……………………… 158
宗会 ……………………… 152
創氏改名 ……………… 75, 80
宗事法 …………………… 155
宗親会 ………………… 92, 145
宗族 …………………… iii, 9, 97
宗孫 ………… 73, 151, 166, 173
宗中 …… iii, 9, 16, 63, 73, 82, 151, 154, 159
　　――意識 …………………… 161
　　――財産 ……… 153, 163
　　――団体 … 72, 151, 155, 193
宗法制 ……… 16, 60, 184, 202
族譜 ……………………… 142

た　行

大法官 …………………… 181
代理母 …………………… 137
多数決民主主義 ………… 116
黄昏離婚 …………………… 7
多文化家族 ……………… 114
男児選好 ……………… 57, 133
単独相続制 …………… 41, 169
堂内 ……………… 17, 63, 84
地域籍 …………………… 67
地縁 ………………………… v

地方の嫁不足 …………… 112
嫡子優先の原則 ………… 55
茶礼 ……………………… 17
長子優先の原則 ………… 55
朝鮮戸籍 ………………… 66
定住外国人 ……………… 114
伝統構成論 …………… 15, 19
伝統文化 ………………… 188
伝統文化論 …………… 15, 19
同姓同本禁婚制 … 70, 82, 118, 158, 187
堂内（どうない）→「たんね」
届出主義 ……………… 65, 86

な　行

内地延長主義 ………… 75, 76
ナム ……………………… vii
入夫婚姻 ……………… 47, 48

は　行

晩婚化 …………………… 218
非家族 …………………… 6
非婚 …………………… 6, 218
フェミニスト … 115, 145, 205, 213
フェミニズム …… 29, 107, 204
不完全養子制度 ………… 102
父系血統主義 …………… 108
父系血統長子優先主義 … 166, 172, 199
父子同姓の原則 ………… 140

父姓主義 …………………… 145
父母両系血統主義 … 109, 147
分財 ………………………… 42, 76
分断国家体制 ……… vii, 90, 98
米ソ冷戦構造 …………… 79, 90
法定相続主義 ……………… 55
法定分家制度 ……………… 50
保守派 ……………………… 204
本 ………………… 102, 110, 141
本貫 ………………… iii, 69, 141

ま 行

身分登録制度 ……… 26, 31, 40
民主化 ………… 115, 118, 140
　　家族の── … x, 29, 115, 136
民主的家族 ………………… 39
民籍 …………………… 61, 62, 65

民法 ………… 32, 33, 38, 81, 93
婿養子 ………… 47, 48, 75, 80
門長 ……………………… 152

や・ら・わ 行

遺言養子（ゆいごんようし）→「いごんようし」
有司 ……………………… 152
養子 ……………………… 49
　　──縁組 …………… 106
　　──制度 …………… 102
　　遺言── …………… 103
　　死後── …………… 103
四代奉祀 ………………… 152
立憲主義 ………… 117, 190
立法事実論 ………………… 196
輪回奉祀 ………………… 135

「家族」という韓国の装置－血縁社会の法的なメカニズムとその変化－

2017年5月3日　第1刷発行

著者　　　岡　　克　彦

発行者　　株式会社　三　省　堂
　　　　　　代表者　北口克彦

印刷者　　三省堂印刷株式会社
発行所　　株式会社　三　省　堂
〒101-8371　東京都千代田区三崎町二丁目22番14号
電話　編集　(03)3230-9411
　　　営業　(03)3230-9412
http://www.sanseido.co.jp/

〈家族という韓国の装置・272pp.〉
© K. Oka 2017

落丁本・乱丁本はお取り替えいたします。　　Printed in Japan
ISBN978-4-385-32311-4

本書を無断で複写複製することは、著作権法上の例外を除き、禁じられています。また、本書を請負業者等の第三者に依頼してスキャン等によってデジタル化することは、たとえ個人や家庭内での利用であっても一切認められておりません。